Michael Schottenberg

Von neuen Welten und Abenteuern

UNTERWEGS IN BURMA

Mit 80 Fotos

Amalthea
Verlag

Auf Wunsch des Autors werden in diesem Buch Ortsnamen sowie der Landesname Burmas in jener Form verwendet, wie sie vor der Umbenennung durch die Militärregierung 1989 in Gebrauch waren beziehungsweise im deutschen Sprachgebrauch üblich sind.

1. Auflage August 2018
2. Auflage Oktober 2019
3. Auflage Oktober 2020

Besuchen Sie uns im Internet unter: amalthea.at

Umschlaggestaltung: Elisabeth Pirker/OFFBEAT
Umschlagabbildungen sowie alle Abbildungen im Buch:
© Michael Schottenberg
Umschlaghintergrund: © iStock.com
Karte Seite 8: © arbeitsgemeinschaft kartographie
Herstellung und Satz: VerlagsService Dietmar Schmitz GmbH, Heimstetten
Gesetzt aus der 11,25/14,7 pt Minion Pro
Designed in Austria, printed in the EU
ISBN 978-3-99050-089-7

Für Claire

Inhalt

CHINA

INDIEN

Myitkyina ●

BURMA

Hsipaw ●
Gokteik-Viadukt
Mandalay
Amarapura ● ● Pyin U Lwin
Taungthaman See
Bagan ●
Nyaung Shwe ●
Inle-See

LAOS

Magwe ●

Golf von

Prome ●

Bengalen

Henzada ●

Pegu ●

Bassein ●

Rangun ●

THAILAND

Golf von
Martaban

Bangkok ●

A n d a m a n e n s e e

Golf von
Thailand

0   200   400 m

© *arbeitsgemeinschaft* **kartographie**

Glorious!
Wien – Dubai – Bangkok – Rangun, 5. Jänner

Entspannt lehne ich mich zurück und trinke einen Schluck dessen, was man außerhalb von Wien für Kaffee hält. Ich sitze in einem dieser riesigen Gefrierschränke, in Dubai, und warte auf den Weiterflug. Und wie das häufig so ist, verspätet sich der, sodass es, was ebenso oft zutrifft, noch sehr fraglich ist, ob die weitere Verbindung hält. Mal sehen.

Ich bin, kaum dass ich in Wien-Schwechat gestartet bin, bereits gelandet: im Ferienmodus. Diese Reise, obwohl schon lange geplant, ergab sich letztlich doch überraschend. Seit über zehn Jahren bin ich Mitglied der Hilfsorganisation *Helfen ohne Grenzen* des Südtirolers Benno Röggla. Die Gründung von *HoG* war für das Volk der Karen, eine der hundertfünfunddreißig Volksgruppen in Burma, eine Überlebenschance. Die Karen zählen zu den südostasiatischen Bergvölkern und wurden, neben anderen ethnischen Minderheiten, von der ehemaligen Militärdiktatur Burmas jahrzehntelang verfolgt. Die Militärs gingen systematisch und mit beispielloser Gewalt vor – vorgegebenes Ziel war die »Stabilisierung« des Landes. Die Vertreibung nach Thailand bedeutete für die Vogelfreien eine Zukunft ohne Heimat und Hoffnung. *HoG* organisierte 2002 in Mae Sot, einer Grenzstadt aufseiten Thailands, eine Enklave, in der große Gruppen der Karen Zuflucht fanden. Während meiner Direktionszeit

im Volkstheater Wien habe ich jährlich eine Benefiz-
veranstaltung durchgeführt, und ich darf mit Stolz sagen,
dass manche der großartigen Initiativen von *Helfen ohne
Grenzen* mit den Reinerlösen dieser Abende finanziert
wurden.

Zwar ging bei den Wahlen am 10. November 2010 die
militärnahe USDP als Sieger hervor, doch Präsident
Thein Sein leitete zur Überraschung aller Reformen ein.
Dies war der Beginn eines zaghaften Überganges zur
Demokratie. Inwieweit ausländische Investitionszusagen
den Präsidenten zur Öffnung des zum Armenhaus ver-
kommenen Landes überzeugten, sei dahingestellt. Erst
seit einigen Jahren ist es möglich, ohne »offiziellen
Begleitschutz« durch das Land zu reisen.

Meine Sehnsucht nach dem sagenumwobenen Burma
wurde durch die Lektüre einiger bemerkenswerter Bücher
geweckt: *Der Glaspalast* von Amitav Ghosh, George
Orwells Klassiker *Tage in Burma* und die märchenhafte
Geschichte *Dämmerung über Burma* von Inge Eberhard,
der letzten Shan-Prinzessin und *Mahadevi of Hsipaw*.

Allein der Klang des Namens »Burma« weckte in mir
Sehnsuchtsbilder: Götter und Dämonen, Pagoden, Tempel, undurchdringlicher Urwald, riesige Flüsse, sagen-
hafte Königsstädte. Kein anderes Land in Südostasien
rief ähnliche Träume hervor. Was haben diese Bilder mit
der Realität zu tun? Um es vorwegzunehmen: Burma ist
tatsächlich so, wie man es sich vorstellt – und doch ganz
anders. Kaum ein Land kann mit einer solchen Vielfalt
an unterschiedlichen Kulturen, landschaftlichen Schön-
heiten, exotischen Riten und Bräuchen aufwarten.

Burma erfüllt alle Klischees und bleibt doch rätselhaft. Beispiele?

- Die Landeswährung ist der Kyat. Er existiert, wie jede andere Währung auch, in gerader Stückelung: Es passiert kaum noch, dass man mit den alten Fünfunddreißiger-, Fünfundsiebziger- oder Fünfundneunzigerscheinen konfrontiert wird.
- Die Burmesen leben zwischen der Zeit: Eine halbe Stunde nach Bangladesch und dreißig Minuten vor Thailand.
- In Burma rudern die Männer mit den Beinen, tragen Röcke und einmal in ihrem Leben müssen sie Mönch gewesen sein.
- Aufgrund einer Weissagung, die »Rechten« würden die Macht übernehmen, wurde 1970 unter General Ne Win der Linksverkehr in Rechtsverkehr umgewandelt. So wurde die Prophezeiung trickreich erfüllt und der zu erwartende politische Umsturz vermieden. Da die rechtsgesteuerten Schrottkisten bis heute unterwegs sind, sind die Fahrzeuglenker bei Überholmanövern nach wie vor auf die Mithilfe des besser platzierten, links sitzenden Beifahrers angewiesen.
- Burmesen sind sich nicht einig, ob die Zahl Neun Glück bringt oder nicht. In einem Zugsabteil, in dem neun Passagiere sitzen, wird vorsichtshalber ein Stein zusätzlich auf die Sitzbank gelegt, damit die Zahl gerade wird – man weiß ja nie.
- Waren Sie schon einmal in einem Land, in dem die Einwohner ihre eigene Hauptstadt nicht kennen? Sie heißt Naypyidaw, wurde von den Militärs im Nir-

gendwo aus dem Boden gestampft und ist der Bevölkerung bis heute weitgehend unbekannt.

- Wussten Sie, dass in Rangun, der größten Stadt des Landes, Mopeds und Motorräder offiziell verboten sind? Weshalb? Ein hoher Militär wurde vor Jahren von einem Motorrad touchiert.
- In Burma zählt die Woche einen Tag mehr. Den Mittwoch gibt's doppelt: als Vormittag und als Nachmittag.
- Und: Der Fluss Irrawaddy heißt Ayeyarwady, die Stadt Rangun heißt Yangon und das Land Burma heißt Myanmar. Die Militärregierung, die im Jahr 1962 die Macht übernahm, wollte es so. In diesem Buch werden aus Gründen politischer Korrektheit die alten Namen verwendet.

Burma ist mehr als rätselhaft. Dabei will ich es vorerst bewenden lassen.

Im Sommer 2015 habe ich mich vom Theater, dem ich über vierzig Jahre lang die Treue gehalten habe, verabschiedet. Der Moment zur Richtungskorrektur war für mich nach zehn anstrengenden Direktionsjahren im Volkstheater Wien gekommen. Ich war der Überzeugung, dass dem Haus eine neue, unverbrauchte Handschrift gut anstünde (dass es anders kommen sollte, konnte ich damals noch nicht ahnen). Ich selbst wollte mich verstärkt meiner großen Leidenschaft, dem Reisen, widmen. Nur einmal bin ich rückfällig geworden: in jenem Haus, in dem vor langer Zeit mein Weg begann, im Theater in der Josefstadt – ich ließ mich zu einem »Nestroy-Stück« überreden. Aber wie das so ist mit sentimentalen Entscheidungen, sie sind meist falsch. Die Arbeit hat mich mehr Kraft gekostet, als ich einzusetzen bereit war. Es ist reizvoller, Neues zu erobern als Altes zu verwalten. Dass ich mich nun in literarisches Neuland vorwagen darf, habe ich der liebevollen Obsorge wagemutiger Damen eines feinen Verlagshauses zu verdanken, die mich dabei unterstützen. Der Verlag trägt den Namen jener Nymphe der griechischen Mythologie, die den nachmaligen Göttervater Zeus mit der Milch einer Ziege aufzog. Einer anderen Erzählung zufolge ist Amalthea die Ziege selbst. Das aber mag ich meinen aufmerksamen Mentorinnen nun doch nicht andichten …

Ich will über mein Lachen schreiben, über meine Schmerzen und über meine Wehmut. Reisen, zumindest was ich darunter verstehe, ist immer auch eine Suche nach Wahrheit. Selten findet man die in der glattgebügelten Prospekt-Ästhetik des Massentourismus, die Länder und Kulturen möglichst keimfrei erscheinen lässt, um sie besser zu vermarkten. Reisen bedeutet nicht, in ein Flugzeug zu steigen, um es innerhalb weniger Stunden möglichst weit weg wieder zu verlassen. Reisen ist der Weg zu Menschen und ihren Geschichten. Man muss sie nur sehen und hören wollen. Man muss essen, was sie essen, riechen, was sie riechen und darüber lachen, was sie zum Lachen bringt. Dafür aber braucht es Zeit. Meine Reisen sind langsam. Erst der Schmutz der Hinterhöfe, der Gestank von Müllhalden, die Unbequemlichkeit überfüllter Züge haben mir Südostasien nahegebracht. Von dort bis zur Wahrheit ist es dann nicht mehr weit.

Der *Airbus A 380-800* der Emirates Airlines steht endlich, wenn auch verspätet, zum Einsteigen bereit. Ich nehme in einer nagelneuen Maschine Platz, unmittelbar neben dem Aufgang zur First Class – und fühle mich dementsprechend. Während des Fluges von Wien nach Dubai habe ich den wunderbaren Film *Florence Foster Jenkins* mit Meryl Streep gesehen. Vor einigen Jahren habe ich in meinem Theater denselben Stoff unter dem Titel *Glorious!* mit der nicht minder wunderbaren Maria Bill inszeniert. Das Stück erzählt die reichlich merkwürdige Geschichte der »schlechtesten Sängerin der Welt«. Die Bill, eine der besten Sängerinnen der Welt, hat die Rolle mit großer Wahrhaftigkeit gespielt. Der unbedingte Wille der sagenhaft unbegabten Florence, ihren Lebenstraum zu verwirklichen, machte die Wirkung des Abends aus. *Glorious* verstehe ich als Motto meiner Reise: Sie möge herausragend werden!

Auf dem Flug nach Bangkok der nächste Film: *The Light Between Oceans* ist eine romantische, wunderbar gespielte Liebesgeschichte. In Tränen aufgelöst erreiche ich Thailands Hauptstadt. Da wir die Verspätung nicht aufgeholt haben, verlasse ich die Maschine im Laufschritt. Mein Anschlussflug wird bereits geboardet. Weder weiß ich, wo das Gate liegt, noch bin ich bis zu meinem Ziel durchgecheckt. Der Suvarnabhumi Airport zählt zu den größten Flughäfen Asiens. Der Sprint, den ich über kilometerlange Förderbänder zurücklege, ist schweißtreibend. Verschwitzt erreiche ich die Abflughalle. Ich hätte mir Zeit lassen können. Die Verspätung des einen bedeutet oft auch die Verzögerung des anderen. Der Typ beim

Security-Check knöpft mir ein schönes, kleines Taschenmesser aus Schildpatt ab, das Geschenk meiner Liebsten, die zu Hause im verregneten Wien jetzt wahrscheinlich vergeblich nach Schlaf sucht (traditionellerweise ist der Abflugabend immer auch der schlafärmste). Ich nehme in einer ausrangierten Propellerkiste der Bangkok Airways Platz (was für ein Kontrast zu dem schönen Flieger der Emirates) und lande eine Stunde und ein erstaunlich schmackhaftes Essen später am Rangun International Airport. Auf dem düsteren Rollfeld ist keine andere Maschine zu sehen.

Die ersten Schritte in der Fremde sind meist eine Herausforderung der besonderen Art: Normalerweise betritt man ein visumpflichtiges Land als Feind. Kalte, misstrauische Blicke bemustern den Neuankömmling und vergleichen das einer Verbrecherkartei entnommene Passfoto mit dem verschlafenen Original. Nicht so in Rangun. Der Beamte zwinkert mir freundlich zu, als wollte er mich zu der Entscheidung, sein Land zu besuchen, beglückwünschen. Nach Mitternacht sieht jede Ankunftshalle der Welt trostlos aus, dennoch halte ich meinen Pass wie eine Trophäe in der Hand (neben dem Visum leuchtet der fette Stempelabdruck »Immigration Myanmar«) und bin einfach nur glücklich. Kein Zweifel, ich bin angekommen. Burma, das ist was! Am Ende der Halle, gleich neben dem Gepäcksband, erregt eine *Money Machine* meine Aufmerksamkeit. Was ich jetzt brauche, ist Bares. Eine halbe Stunde und unzählige Fehlversuche später, halte ich mein erstes Geldbündel in der Hand. Für einen US-Dollar bekommt man eintausend Kyat. Dies und das Fehlen von

Münzen erklärt die Unmenge an Papiergeld, die man hierzulande mit sich zu schleppen hat.

Einige Männer lehnen an der Glaswand, die den eisgekühlten Transitraum vom dampfenden Empfangsbereich des International Airport trennt, drücken ihre Nasen platt und halten Ausschau nach frischer Jetlag-Ware. Als einziges, mutmaßliches Opfer konzentriert sich ihr Geschäftsinteresse auf mich (die meisten der mitgereisten Pauschaltouristen haben den Flughafen bereits verlassen). Hier, an der Schwelle zwischen hermetisch abgeriegelter Arrival Hall und dem Eintritt in unbekanntes Territorium, findet zu jeder Tages- und Nachtzeit die heiß umkämpfte Preisschlacht in Sachen Transport des zur Melkkuh mutierten Neuankömmlings in Richtung City statt. Nach den obligaten Rangeleien kämpfe ich mich zu einem um diese nachtschlafende Zeit halbwegs seriös aussehenden Taxifahrer vor und lasse mich in die Anawrahta Road chauffieren. Als ich die Adresse des Hotels nenne, bekommt mein neuer Freund einen Lachanfall, – als *er* den Namen ausspricht, bekomme *ich* einen.

Der Wagen hält in der Auffahrt eines Hotels, das auf der Homepage verführerisch nett aussieht, in Wirklichkeit aber Trauer pur ist, und ein Bündel Scheine wechselt den Besitzer. Drinnen erwacht einer der Pagen und schlurft unwillig zur überdimensional großen Glastüre. Ein eisiger Luftzug in Form einer wirbeligen Dampfwolke vermengt sich mit der feuchten Hitze des tropischen Morgens. Einige Formalitäten später werde ich als frisches Tiefkühlgut registriert und willkommen geheißen. Oben, in meiner Zelle, sinke ich in voller Adjustierung auf das Schlafbrett (anders kann man die eisenharte Matratze nicht bezeichnen) und überlasse mich einem komatösen Schlaf, während vor den beschlagenen Fenstern der in die Jahre gekommenen Touristenfalle der Großstadtverkehr Ranguns zum Leben erwacht. Ich bin mal wieder in Südostasien gelandet. Diesmal sogar an der Andamanensee.

Ein Kreis schließt sich
Rangun, 6. Jänner

Das Geschnatter der Zimmermädchen weckt mich, rund um mich ist das Leben in vollem Gang. Ich will dazugehören und gehe, zerknittert wie ich bin, in den Frühstückssaal. Zu spät. Aus Disziplinierungsgründen werde ich in ein Teehaus gegenüber des Hotels, das bei Tageslicht betrachtet noch trostloser aussieht, geschickt. Auch gut. Ich sitze also am Gehsteig und bestelle – was schon, Tee. Was ich bekomme, erkenne ich zunächst nicht. Eine rostrote Brühe wabelt in der Schale, der Rest flutet die Untertasse: Zucker mit Milch, in der ein Teeblatt schwimmt. Neben mir parkt eine junge Frau ihren Verkaufsstand und beginnt sich einzurichten. Auf dem Pult liegt eine Unzahl grüner Blätter, die sie mit einer weißen Pasta und kleingehackten Nüssen bestreicht und zu Päckchen faltet. Das Geschäft brummt. Im Nu hat sich eine Schlange potenzieller Käufer gebildet. Jeder von ihnen schiebt sich einen dieser Riegel in den Mund und mümmelt darauf herum. Das Zeug enthält Splitter der Arekanuss, die, mit gelöschtem Kalk vermengt und in Betelpfefferblätter verpackt, roten Speichelfluss produziert. Als Frühstück drängt es sich nicht gerade auf. Um die Mundpartie herum gleichen die Kauenden Feuer speienden Amphibien: Zunge und Rachen färben sich im Laufe des Lebens feuerrot und die Zähne verkümmern zu kleinen, schwarzen Ruinen. Angeblich ruft

Betel eine appetithemmende, sedierende Wirkung hervor, ähnlich der von Alkohol. Unsummen dieser kleinen grünen Köstlichkeiten verschwinden in burmesischen Mündern und landen als Spucke auf den Straßen und Trottoirs.

Ich bezahle die ungenießbare Zuckermilch. Meine Gliedmaßen fühlen sich nach dem langen Flug immer noch wie verschraubt an, als wäre ich eines dieser bedauernswerten Geschöpfe aus dem exzentrischen Universum meines Malerfreundes Peter Sengl: von höherer Macht durchpflockt und mittels Halseisen in eine verzweifelte Pose gezwungen. Die feuchte Hitze und die Geräusche der fremden Welt sind mir vertraut. Was mir auffällt: Die Verkehrsteilnehmer verhalten sich diszipliniert, und es gibt, im Gegensatz zu dem Motorrad-Wahnsinn in Vietnam, so gut wie keine Mopeds. Ich schlendere die Anawrahta Road entlang. Die endlos lange Straße teilt Rangun in zwei Teile. Benannt ist sie nach jenem sagenhaften König, der vor langer Zeit von Bagan aus sein neu geschaffenes Riesenreich mit Hilfe einer einheitlichen »Religion«, dem Buddhismus, festigen wollte. Er schaffte einige der wichtigsten Reliquien Siddhartha Gautamas heran und begann Pagoden, Tempel und Stupas ohne Zahl um sie herum zu errichten. Allerdings war er nicht der Einzige, der sich dafür berühmen ließ, seine Untertanen mit der Lehre Buddhas zu überrumpeln. Unzählige seiner Regenten-Kollegen verstanden sich ebenfalls als unmittelbare Nachfahren des großen Philosophen, der, unter einem Bhodi-Baum schlafend, die Erleuchtung erfuhr, die es zu verbreiten galt.

Buddhismus ist eine kluge Sache. Dem, der die Lehre unkritisch befolgt, bedeutet sie Religion. Wer die Schriften studiert, sie aber nicht praktiziert, begegnet Buddha als Philosoph. Will man aber seine Probleme in den Griff bekommen, begreift man Buddhismus als Therapie. Alles ist dem Entstehen und Vergehen zugeordnet. Prinzipiell ist unser Dasein voller Leiden. Die Ursache dessen ist Begierde und Habsucht. Erst die Überwindung beider Laster führt zur Wahrheit. Die Grundlage ist sittliches Verhalten, Einsicht und Konzentration. Unser Dasein hat folgenden Prämissen zu gehorchen: »Aufrechte Ansicht, aufrechte Gesinnung, aufrechte Rede, aufrechtes Tun, aufrechte Lebensführung, aufrechte Anstrengung, aufrechte Achtsamkeit, aufrechte Meditation«. Das hat nichts mit Religion zu tun, aber viel mit Respekt jedem Lebewesen gegenüber. Die Stätten, die Buddha geweiht sind und die den Mittelpunkt des spirituellen Alltagslebens darstellen, sind von großer innerer und äußerer Ruhe. Verpflichtet sind sie dem Bedürfnis nach Vollkommenheit und Harmonie.

Bei einer Garküche mache ich halt und hole ein vollkommen harmonisches Frühstück nach. Ich sitze auf einem der von mir so geliebten Kinderstühlchen (blau) und bestelle Fischcurry* mit Kartoffeln und Eiern (scharf), dazu gibt es Reis und eine dünne Gemüsebrühe. Das Essen ist bei Bedarf noch zusätzlich mit Chili aufzupeppen, wovon ich reichlich Gebrauch mache. Danach erweise ich dem mächtigsten Strom des Landes meine

---

* Rezept auf Seite 194/195

Reverenz, dem Irrawaddy: Er ist Burmas Antwort auf den Mekong, Nil, Amazonas und Jangtsekiang. Über zweitausend Kilometer legt er von der Vereinigung zweier schmaler Flüsschen im Norden bis in den Süden zurück, dort, wo er in die Andamanensee mündet. Auf fünfzehnhundert Kilometern ist die »Road to Mandalay«, wie Rudyard Kipling den Strom nannte, schiffbar. Seit ich mich von der wundersamen Erzählung Rajkumars und dessen Teakholz-Handel zwischen Rangun und Mandalay in *Der Glaspalast* gefangen nehmen ließ, wurde mir der Name zum Versprechen: Einmal wollte ich an seinem Ufer stehen und den Liedern lauschen, die er von seiner abenteuerlich langen Reise mitbringt.

Ich besteige eine Fahrrad-Rikscha und lasse mich durch den Mittagsverkehr zur Sule-Pagode fahren. In einem Holzkästchen deponiere ich meine Schuhe und schleiche, wie alle anderen auch, auf leisen Sohlen über den Marmor. Es ist unerträglich heiß. In der Nähe einer großen Buddha-Statue genieße ich den kühlen Lufthauch, der von den düsteren Wandelgängen des Eingangsbereiches herüberweht. Pagoden sind ein soziales Zentrum. Es wird gebetet, gegessen, geplaudert und – geschlafen. Auch ich überlasse mich der Meditation, schließe die Augen und schwebe hoch hinauf zum großen Vorsitzenden.

»Are you sailor?« Ich blinzle in das verwitterte Gesicht eines Mannes. »Where is your ship?«, flüstert er mir ins Ohr und dabei rieche ich seinen Nikotin-Atem. »Brunsbüttel«, erwidere ich verschlafen. Das Gesicht gehört zu Nelson, zweiter Offizier in Diensten diverser

Reedereien, einstmals unterwegs auf den Meeren dieser Welt, derzeit im Ruhestand. »I was officer on a container ship!« Der Satz weckt mich endgültig. Eine Fahrt auf einem Containerschiff wird meine nächste große Reise sein. Nelson schnalzt mit der Zunge: »Are you captain?« – »I'm sailor.« Sein Interesse an mir scheint nachzulassen. Verschwörerisch steckt er mir eine vergilbte Karte zu: »Travels & Tours – Tailor, Guide, Rental Car, Flights, Translate and Interpreting«. Ein Mann für alle Fälle. Nelson will rasch zum Abschluss kommen, er ist gut gebucht, wie er mir versichert, morgen allerdings wäre er noch den ganzen Tag über zu haben. Ich verspreche, mich zu melden (Seebären halten zusammen), hole die Leinen ein und lege ab, indem ich hinter der nächsten Säule verschwinde.

Mein nächstes Ziel ist der alte Scott's Market, benannt nicht nach mir, sondern nach einem schottischen Journalisten, der den Burmesen das Fußballspielen beibrachte. Hier bin ich richtig. Im Markt steuere ich die Longyi-Abteilung an, das populärste Kleidungsstück hierzulande, eine Art gegenderter Wickelrock. Die Größe hängt vom Körperbau der Trägerin beziehungsweise des Trägers ab. Ich bekomme einen rot-blauen verpasst, die Farben des Auswärtsdresses meiner Lieblingsfußballmannschaft. An einem Obststand trinke ich den besten Orangensaft ever, frisch gepresst und mit extra viel Fruchtfleisch. Er fühlt sich wie eine kleine Geschmacksexplosion an. Nebenan, in der Bar-Boo, kritzle ich ein wenig in meinem Tagebuch herum, dann streife ich durch schmale Seitengassen zurück zur Sule-Pagode.

Ecke Anawrahta – Bo Soon Pat passiert es: Ich vergesse mich in der Beobachtung eines Betel-Verkäufers, der, so schnell kann's gehen, eines seiner Päckchen in meinem Mund unterbringt. Ich bin so perplex, dass ich zu keiner Abwehrreaktion fähig bin. Im Nu bin ich umringt, Männer klopfen mir aufmunternd auf die Schulter und wackeln mit den Köpfen, indem sie ihre blutroten Amphibienmünder auf- und zuklappen. Ich kaue um mein Leben, ich wüsste nicht, was ich gerade sonst tun sollte. Zunächst gilt es, die Nuss zu zerbeißen. Erster Fehler. Keckernd unterweisen mich die Kollegen, die Nussstückchen bloß nicht anzuknabbern. Tatsächlich, sie werden mit der Zeit weich. In meinem Mund hat sich bereits so viel Speichel gebildet, dass ich unwillkürlich schlucke. Unruhe. Zweiter Schnitzer. »Spucken!«, bedeutet mir mein Publikum aufgeregt, die Gesten sind international. Unter zustimmendem Nicken speie ich den Rest des feuerroten Saftes aus, betrachte stolz das Kunstwerk auf dem Asphalt, das einer ausgefransten Pizza gleicht, und suche das Weite. Eine Gasse weiter spucke ich das, was vom Betel noch übrig ist, vollends aus. Ich bin schweißgebadet, aber angekommen – für heute zum zweiten Mal.

In der Mahabandoola, einer schönen Gartenanlage gegenüber der schneeweißen Town Hall, lege ich mich erschöpft unter einen kugeligen Busch. Zur Dämmerstunde ist der Park gut besucht, hier trifft sich nicht nur die Ranguner Jeunesse dorée, um sich zwischenmenschlich auszutauschen, sondern auch Ältere, die ihre erste liebevolle Annäherung bereits hinter sich haben und stolz den daraus resultierenden Nachwuchs präsentieren. Mit bitterem Nachgeschmack auf der Zunge beobachte ich Schwärme von Rabenvögeln, die sich hoch oben in den Bäumen ihren Schlafplatz für die Nacht suchen. »What's your name?« Ein kleines Mädchen lächelt mich an. Als Traveller bleibt man nicht lange allein. Ich sage meinen Namen. »And you?« Ich lächle ebenfalls und merke, dass sie mir auf den Mund schaut. Offensichtlich registriert sie meine grellrote Zunge, die mich als einen der ihren ausweist. »Yu Lu Boo Wing!«, flüstert sie verschwörerisch. Weil er so lustig klingt, lasse ich sie ihren Namen noch ein paarmal wiederholen, dann schreibe ich ihn, mit ihrer Hilfe, in mein Notizbuch. Ihr Vater gesellt sich zu uns, wir kommen ins Gespräch. Es stellt sich heraus, dass er dem Volk der Karen angehört. Treffer! Ich erzähle ihm von *Helfen ohne Grenzen*, dem Volkstheater und von Benno Röggla. An meinem ersten Tag bereits schließt sich ein Kreis. Inzwischen ist es stockfinster. Ich bin zum dritten Mal angekommen.

Eine Stadt aus Gold
Rangun, 7. Jänner

Ich sitze in der Bar des *Strand,* eines stilvollen Kolonial-hotels direkt am Fluss, und lasse den Tag bei einem kräftigen Schluck Whisky ausklingen. Das *Strand* ist einer jener legendären Schuppen, die gegengleich in Singapur, Colombo oder Saigon stehen und in deren Bars einstmals illuminierte Literaten herumhingen, in der Hand ihren *Sling* oder *Martini Sour*, im Mundwinkel die Filterlose, unterm Tresen Berge von Erdnussschalen und vor ihnen ein achtlos hingekritzeltes Manuskript. Genau so stellen wir uns das vor, wie sich die Herren Maugham, Greene oder Orwell ihren Frust von der angegriffenen Leber schrieben. Nun sitze *ich* hier. Die Kardinäle können sich nicht dagegen wehren, dass Novizen auf ihren Spuren saufen. Auch ich kann nichts für die Herden europäischer Pauschaltouris, die in diesem stilvollen Ambiente ihr mitgebrachtes Pepsi aus Plastikflaschen nuckeln.

In der Nähe meines Hotels habe ich eine Rikscha genommen und mich wie ein Shan-Prinz durch die nachmittägliche Hitze radeln lassen. In einer kleinen Gasse winkt mir ein Mann zu. Ich erwidere den Gruß. Er bleckt seinen Feuersalamander-Mund und krächzt: »One million dollar!« Ich bin mir nicht sicher, wie das gemeint ist, dennoch finde ich es keine schlechte Idee, dass mein Fahrer zügig um die nächste Ecke carvt und mich vor dem *Strand* aussteigen lässt. Ich bezahle wahrscheinlich so viel, wie der Mann vorhin in einem ganzen Monat nicht zu Gesicht bekommt. Auf der Welt geht es ziemlich scheiße zu, ich bin mir dessen bewusst und hebe einen auf den Riksha-Fahrer, der mir im richtigen Moment die falsche Begegnung ersparte, einen zweiten auf Jean Ziegler und einen dritten zur Bekräftigung der beiden ersten.

Der gestrige Abend hat kurios geendet. Nach einem guten japanischen Essen war ich definitiv nicht mehr in der Stimmung, zu Fuß zum Hotel zurückzugehen, vor allem weil ich unsicher war, in welche Richtung … Grund-sätzlich kann ich mich auf meinen Orientierungssinn ver-lassen, aber die Nacht war schwarz, die Straßen wie ausge-storben und ich habe vor Müdigkeit die Augen kaum mehr offen halten können, ich hatte immer noch Jetlag. Ich fragte die japanische Kellnerin nach dem Weg, wurde in die entgegengesetzte Richtung geschickt, kehrte um – und landete sicherheitshalber in einem Taxi. Das Hotel konnte nicht weit sein. Nachdem der Fahrer in die mei-nem Gefühl nach falsche Richtung abbog und ich ihm das auch sagte, kreiste er wie zum Trotz dreimal um denselben Häuserblock. Ich versuchte ihm verständlich zu machen, dass er genau andersrum zu fahren hätte, daraufhin hielt er an, wandte sich zu mir um und fixierte mich mit ste-chendem Blick: »You know GPS?« Im nächsten Moment hielt ich sein Mobiltelefon in der Hand. »Name of Hotel!« Ich tastete den Namen ein. Er gab Gas und wies mich an, den Weg vom Display abzulesen. Ich reichte ihm das Handy zurück, ich fand, als Gast hätte ich ein Recht auf ein gewisses Service. Aber nichts da. Was die Sache erschwerte: Die App zeigte keine Einbahnen an. Der Typ sollte sich eine neuere Version herunterladen, dachte ich und beschloss, die Sache als Challenge zu nehmen.

Unter meiner Führung zirkelten wir mehrere Male im Kreis herum, bogen immer wieder um dieselben Ecken und fuhren dahin und dorthin, wobei die Runden mit der Zeit größer wurden. Während ich an der Geschichte langsam Gefallen zu finden begann, schmiss der Typ die Nerven weg. Immer wieder fragte er mich nach dem Namen des Hotels. Als ob das was nutzte, dachte ich, den habe ich schon zu Beginn unserer Rallye genannt. Je länger die Tour dauerte, desto absurder wurde sie. Als Guide versagte ich völlig, das gebe ich zu. Irgendwann hielt der Kerl an, stieg aus und fachsimpelte eine Zeit lang mit einem Kollegen. Dabei beobachteten sie mich mit hinterhältigem Interesse, wie mir schien. Was heckten die beiden aus? Kam ich als mitternächtlicher Snack in Frage? Mein Überlebensinstinkt erwachte. Ich beorderte den Fahrer in den Wagen zurück, einen letzten Versuch musste er mir noch geben. Schweißgebadet umklammerte ich sein Mobiltelefon. Er weigerte sich, in die von mir angegebene Richtung zu fahren, und bretterte in die entgegengesetzte los. Man stelle sich vor: In einer mir vollkommen unbekannten Stadt am anderen Ende der Welt, mitten in der Nacht, lotse ich einen Taxler, *sein* Handy in *meiner* Hand, durch den Einbahndschungel von Rangun.

Vor Jahren sah ich einen Film, der zeitgleich fünf verschiedene Geschichten aus fünf Metropolen erzählt, die alle in einer einzigen Nacht spielen: *Night on Earth*, inszeniert vom großartigen Jim Jarmusch. Die Stadt Rangun war nicht dabei. Die Episode wird Jahre später nachgeholt: Ich dirigierte den Wagen von einem Kreisverkehr zum nächsten, durch Einbahnen, entlang großer Straßen und immer wieder die Anawrahta hinunter und die Merchant zurück und rechts und geradeaus und vorne links und das ganze retour und so fort und das ging so lange bis der Wagen …

»Here we are!« Der Typ knarzt die Karre schwungvoll an den Straßenrand, reißt den Wagenschlag auf und – wir sehen einander verblüfft an: Kein Grund, einander nicht um den Hals zu fallen. So entstehen Männerfreundschaften. Ich hatte den Typ tatsächlich zum Hotel gebracht. Eine strategische Meisterleistung. In der Lobby erwartete mich die inzwischen tiefgefrorene Rezeptionistin. Ich bat sie um einen Plan der näheren Umgebung, ich wollte nachsehen, wo das verdammte Sushi-Lokal lag. Tatsächlich liegt der Laden nicht mal einen Häuserblock vom Hotel entfernt, in gerader Linie. Jim Jarmusch hätte seine Freude daran gehabt. Schlussklappe.

Für heute plante ich einen Besuch der größten Attraktion Ranguns, der Shwedagon-Pagode. Wann die beste Besuchszeit sei? »At four, Sir.« »Four what?« »Four in the morning.« Es war kurz nach Mitternacht, ich war zum Abwinken müde und in kaum vier Stunden sollte ich schon wieder auf die Matte? »Is there a breakfast in the morning?« – »Sorry, Sir, too early. But in front of the hotel, there is a teahouse!« Das hatten wir schon.

Der Wecker läutet um kurz vor vier. Oh mein Gott, in diesem Land ist das Schlafen verboten. Benommen springe ich unter die Dusche, danach ins nächste Taxi. Zum Glück hat mein Freund aus dem gestrigen Nacht-Film nicht wieder Dienst, ich denke, ich hätte gerade nicht die Nerven dafür. Zehn Minuten später halten wir vor dem Ost-Tor: Die Shwedagon ist nicht einfach nur eine Pagode, sie ist eine Stadt in der Stadt. Und die Stadt ist aus purem Gold. Allein auf die riesige Kuppel wurden im Laufe der Jahrhunderte zehn Tonnen pures Gold gehämmert. Oben auf der Spitze, auf den unzähligen Sonnenschirmchen, Glöckchen und Fähnchen sind ohne Ende Edelsteine eingearbeitet. Rund um das Hauptgebäude liegt ein Labyrinth aus großen, mittleren und kleinen Schreinen, Tempeln und Bethäusern. Über-all knien Menschen. Wie Schemen lösen sich Mönche aus der Nacht und schleichen über die mit weißem Mar-mor belegten Plätze der Tempelstadt. Irgendwo wird eine Glocke geschlagen. Monotone Gesänge antworten. Schwarze Vögel hopsen wie unruhige Geister auf den Wegen herum, auf der Suche nach Futter. Auf unzähli-gen Tischen und Altären sind Opfergaben aufgebaut. Der Stein unter meinen Füßen fühlt sich angenehm kühl an. Das Gold der Kuppeln, von starken Scheinwerfern beleuchtet, funkelt in der sternenklaren Nacht. Zwei alte Frauen kaufen ein Essenstablett mit Reis, Früchten und Tee und verschwinden hinter einer Ecke. Ich habe Hun-ger, leiste mir ebenfalls ein Frühstück und folge den bei-den. Vor einer großen Buddha-Statue machen sie halt, knien nieder und legen die Tabletts vor sich auf den Boden. Ich blicke mich um, sehe, dass ich beobachtet werde und opfere ebenfalls, wenn auch widerwillig, mein Frühstück dem Erleuchteten. Schon in Ordnung so, er wird sich revanchieren.

Weiter vorne, in der Nähe des Nord-Tores, entdecke ich ein großes Lokal, in dem Tische aufgedeckt werden. Es ist kurz nach fünf Uhr früh. Männer stehen herum und warten. Da sich längere Zeit nichts Entscheidendes tut, beschließe ich, noch ein bisschen herumzuwandern und später wiederzukommen. Irgendwo lege ich mich aufs Ohr. Um sechs erwache ich. Im Frühstücksraum sitzen jetzt Mönche und essen. Die Wartenden verharren immer noch in der Mitte des Lokals. Ich geselle mich zu ihnen.

Auf niedrigen Tischen vor den Mönchen stehen Schüsseln mit Nudeln und Gemüse. Ein überirdischer Geruch. Ich sehne mich nach einem Schluck heißen Tee. Irgendwann müssen wir Weltlichen in diesem Schuppen ja auch bedient werden. Die Mönche beenden ihr Mahl, und die Gäste werden nach und nach an ihre Tische geleitet. Um mich herum entsteht geschäftiges Treiben. Mich beachtet keiner. Das geht einige Zeit so. Irgendwann spreche ich eine Frau vom Service an und versuche ihr zu erklären, dass ich zwar nicht reserviert habe, gleichwohl aber Hunger hätte. Über ihr Gesicht huscht ein fragendes Lächeln, schüchtern weist sie mir einen Platz zu. Kaum sitze ich, verkehrt sich die Situation ins Gegenteil: Dienstfertige Geister decken hurtig meinen Tisch auf. Vor Kurzem noch eine Person aus Zellophan, befinde ich mich wie auf ein geheimes Zeichen hin im Zentrum ihrer Aufmerksamkeit. Schalen mit Gemüse und Nudeln wirbeln auf meinen Tisch, dazu Kuchen, Früchte und heißer Tee.

Vor Jahren habe ich für den Film *Landläufiger Tod* eine Szene gedreht, in der der Hauptdarsteller zum »Bienenmenschen« wird: »Er nahm einen Lockenwickler zur Hand, steckte die Bienenkönigin hinein und ließ das Bienenvolk auf sich Platz nehmen (…) wie ein Wanderer aus den Gefilden des Garten Eden. Für kurze Zeit existierte die Utopie der Wesensgleichheit von Mensch und Tier …« (Gerhard Roth).

Ich esse mich satt. Kaum hebe ich den Blick, landet auch schon ein Nachschlag in meiner Schüssel. Selten noch habe ich ein besseres Frühstück genossen, selten noch wurde ich liebevoller betreut. Als wäre ich plötzlich Mittelpunkt eines aufgescheuchten Bienenschwarms, als hätte ich einen Lockenwickler um den Hals. Einer der Männer von nebenan erhebt sich lächelnd und nähert sich meinem Tisch, dabei verbeugt er sich immer wieder. Auch ich nicke und bin mir plötzlich unsicher, ob ich mich nicht zu erheben habe oder ihn bitten soll, bei mir Platz zu nehmen. »You like your meal?« Der Mann verbeugt sich erneut. Ich lobe das Frühstück im Besonderen und sein Land im Allgemeinen, und da ich nichts weiter zu sagen weiß, äußere ich den profanen Wunsch zu bezahlen. »Oh no, it's a honour to host a friend from …?« Er sieht mich fragend an. »Austria.« »Australia!« Er verneigt sich und gesellt sich zu seinen tuschelnden Kollegen, die ihre Trinkschalen nun allesamt in meine Richtung halten. Mir bleibt nichts übrig, als ebenfalls meine Tasse zu erheben – auf das Wohl meiner neuen Freunde!

Unter dem Tisch ziehe ich meinen für solche Momente bestens geeigneten Freund zu Rate: *Lonely Planet* verrät mir, dass ich offensichtlich Gast bei der exklusiven Zediyangana-Gesellschaft bin, der mächtigsten Bruderschaft hierzulande, die sich um den Erhalt der Shwedagon-Pagode kümmert, dem größten buddhistischen Zentrum Burmas. Ich befinde mich mitnichten in einem Frühstückslokal, der schmucke Tempel ist vielmehr der Klubraum der ehrwürdigen Gesellschaft. In der Galerie über mir lagern rund sechstausend der wertvollsten Bücher und Schriften zu Religion und Kultur des Landes. Das Haus ist mit dem Erzbischöflichen Palais in Wien vergleichbar und die »Mönche« sind Mitglieder des allerhöchsten Klerus Burmas.

Oh, mein Buddha, kannst du mir verzeihen? Hier habe ich Banause ungeduldig mein Frühstück geordert, Nachschlag inklusive. Die »Männer«, mit denen ich die Mahlzeit eingenommen habe, sind Spitzenbeamte in diplomatischem Rang. Ihr Feingefühl und ihre Höflichkeit verbaten es ihnen, mich *nicht* in ihre Mahlzeit miteinzubeziehen. Da sich Burma offensichtlich keine Gelegenheit entgehen lässt, freundschaftliche Beziehungen zu anderen Staaten zu forcieren, besonders zum großen Bruder Australien, wurde ich, so scheint es, durch ein Missverständnis in den Rang eines temporären Staatsgastes erhoben.

Zeit, mich aus dem Staub zu machen, und bevor die Herren noch die wahre Identität des ungebetenen Fremden lüften können, empfiehlt sich der morgenrote Hauptmann von Köpenik satt, aber beschämt aus freundschaftlicher Umarmung neu erwachter Burmesischer Diplomatie.

Inzwischen ist es hell geworden. Der Marmor erscheint im ersten Tageslicht wie ein rosafarbiger Teppich, zu kostbar beinahe, ihn zu betreten. Die märchenhafte Stadt erwacht zu verschwenderischer Pracht. Das Gold der Pagoden und Stupas funkelt, die Wächterfiguren aus Marmor schimmern bläulich, die Edelsteine leuchten in allen Farben. Wieder umrunde ich die kostbare Welt. Ein profaner Geldautomat sticht mir ins Auge. Schon auf den ersten Versuch spuckt er das gewünschte Bündel Banknoten aus. Buddha hat nichts gegen Cash.

In einer düsteren Halle lege ich mich zu Füßen einer Statue aufs Ohr. Auch australische Diplomaten werden müde, besonders nach einem ausgiebigen Arbeitsfrühstück. Der Tag heizt sich langsam auf. Irgendwann erwache ich, übersiedle in den Schatten eines Bodhi-Baumes, knalle mir eine Ladung Seemannslieder in die Ohren und denke an Freund Nelson und meine bevorstehende Schiffsreise. Lale Andersen singt mich in den Schlaf, schön langsam muss der lästige Jetlag überwunden werden.

Aufgeregtes Krächzen weckt mich. Raben balgen sich um Reiskörner, die jemand neben mir ausgestreut hat. Eine Opfergabe für den ruhenden weißen Mann? Oder wurde ich das Opfer eines Jungenstreiches? Noch einmal umschleiche ich die riesige Pagode, man muss es dreimal tun. Inzwischen hat sich der Tempelbezirk gefüllt. Pilger singen und beten. Über Mikrofon gibt ein Mönch den Takt an. Eine Prozession zieht vorüber. Vorne, unter kostbaren Schirmen, schreiten die Alten, gefolgt von den Jüngeren, ganz hinten gehen die Kinder. Die Honoratioren tragen reich bestickte, geschwungene Kappen, das gibt ihnen ein würdevolles Aussehen. Zimbeln, Trommeln, Wolken von Räucherstäbchen. Die Atmosphäre friedlicher Gelassenheit, die Ruhe, mit der die Gläubigen Buddha huldigen, beeindruckt mich zutiefst. Zu Mittag verlasse ich diesen außergewöhnlichen Ort von Schönheit und Meditation.

Unterwegs, auf dem Weg in die Stadt, schenke ich für tausend Kyat einem kleinen Vögelchen die Freiheit. Ich befreie es aus seinem viel zu kleinen Holzgefängnis und werfe es in die Luft. Mit aufgeregten Flügelschlägen flattert es auf den nächsten Baum, dann steigt es hoch, hoch hinauf in den Himmel, durch die Mittagshitze von Rangun, wo sie Buddha eine goldene Stadt gebaut haben. Noch jemandem wurde in der Shwedagon die Freiheit geschenkt: Dem burmesischen Volk. 1988 hielt die Oppositionsführerin und nachmalige Friedensnobelpreisträgerin Aung San Suu Kyi, die *Lady*, wie sie hier genannt wird, ihre erste öffentliche Rede gegen die Militärdiktatur der Generäle Ne Win und Sein Lwin. Die Friedensbewegung nahm am Fuße der Pagode, auf dem weißen Marmorboden vor der Zediyangana-Gesellschaft, meinem bevorzugten Frühstückslokal, ihren Anfang.

Der Kellner des *Strand* bringt mir ungefragt den fünften Whisky. Boys gehen mit Pizzaschnittchen von Tisch zu Tisch. Auch ich greife zu. Hätte ich besser nicht. Ich muss mir Appetit aufsparen. Heute Abend möchte ich ein Restaurant aufsuchen, das mir mein Freund Ernst Woller empfohlen hat, das *Monsoon*. Der *Le-pet-thouk-Salat** dort ist sensationell: fermentierte Teeblätter aus dem Shan-Staat mit Knoblauch, Garnelen,

---

* Rezept auf Seite 196/197

Ingwer und frischen Chilis. Die tropische Nacht legt sich über eine zauberhafte Welt. Wie ich lese, versinkt Wien unter einer dicken Schneeschicht. Der Winter hat endgültig Einzug gehalten. Ich glaube, diese Welt hier ist mir gerade lieber.

Der Architekt der Freiheit
Rangun, 8. Jänner

Ganz Rangun ist heute auf den Beinen, um den herrlichen Sonn(en)tag im Kreise der Familie zu genießen. Ich mache mich früh auf den Weg. Mein Ziel ist der Karaweik Palace. Es handelt sich um die Nachbildung einer königlichen Barke, die in einem See vertäut liegt, inmitten eines wunderschönen Parks. In diesem Schiff ist ein Restaurant untergebracht. Abend für Abend finden hier Folklore-Shows statt. Ich bestelle ein Ticket. Auch wenn mir die Show nicht gefallen sollte (was wahrscheinlich ist), so weiß ich dann doch, was Burma denkt, das ich über Burma denken soll. In jedem Fall verspricht der Abend ein Fest der Sinne zu werden. Das jedenfalls sollte er halten.

Ich spaziere über weitläufige Grünflächen, vorbei an Teichen, exotischen Pflanzen und hübschen Cafés. Unvermittelt finde ich mich inmitten einer Jugendgruppe wieder, als Hauptdarsteller eines Actionfilmes. Ich nehme wahr, dass mich eine Horde junger Burschen umstellt hat. In ihren erwartungsvollen Gesichtern lese ich, dass im nächsten Moment … Ich wirble herum und sehe gerade noch, wie sich ein dicklicher Junge, der Frechste von ihnen, mit »lautlosem Gebrüll« und verzerrtem Gesicht auf mich stürzt, wohl in der Meinung, dass ich nicht merke, was hinter meinem Rücken vor sich geht. Die Überraschung für ihn und die Gruppe ist, dass ich mit gespieltem Entsetzen antworte und einen stilisierten Kung-Fu-Gegenangriff starte. Der Dicke ist blamiert, und ich, der Krieger aus der anderen Galaxie, das vermeintliche Opfer, gehe als Sieger hervor. Ein lautstarkes, pubertäres »Mingalabar!« ist mein Lohn.

Von einem Aussichtsturm, dem Utopia-Tower, überblicke ich den Park: Ein kleines Paradies inmitten der riesigen Stadt. Ich gehe bis zum Nordwest-Ufer, dorthin, wo sich die Liebespaare daten. Jetzt weiß ich auch, weshalb trotz strahlendem Wetter so viele aufgespannte Regenschirme auf dem Rasen und in den Büschen abgestellt sind: Unter manchen dieser bunten Pilze findet voll die Party statt …

In einem festlich geschmückten Restaurant esse ich zu Mittag. Eine Hochzeitsgesellschaft ist angesagt. Der Speisesaal ist mit Girlanden und jeder Menge Kinderfaschings-Deko geschmückt, am Eingang hat sich das Festkomitee in Stellung gebracht: Segenswünsche werden entgegengenommen und fein säuberlich registriert. Glück gibt's auch hier nicht gratis. In kleinen, roten Kuverts hinterlegen die Gäste Geldgeschenke für Braut und Bräutigam. Trifft das Vorhergesagte wider Erwarten doch nicht zu, bleibt dem jungen Paar wenigstens Bares. So viel Liebe lässt sich schwer ertragen. Ich beschließe, mich der Revolution zuzuwenden.

Wie jedes Land in der Region, hatte sich auch Burma immer schon gegen jede Menge ausländischer Begehrlichkeiten zu verteidigen. Lange Zeit, erstmals 1824, waren die Briten in Sachen Unterdrückung federführend. Zwar überließen sie den Fürsten die Herrschaft über ihre Territorien, doch beanspruchten sie im Gegenzug Zugriff auf Rohstoffe: Silber, Edelsteine, Teakholz. Industrien entstanden. Mitte des neunzehnten Jahrhunderts gründeten Schotten die Irrawaddy-Flotilla-Company, die bald zur größten privaten Binnenflotte der Welt avancierte. Auch das Bahnnetz wurde flächendeckend ausgebaut. Damit nicht genug, machten die Briten das Irrawaddy-Delta urbar, Burma avancierte zur Reis-Export-Nation Nummer eins. Hunderttausende indische Gastarbeiter überschwemmten das Land, die Einheimischen wurden in Sachen Lohn gedumpt und konnten ihre Kredite nicht mehr zurückzahlen. Die Folge: Verarmung und wirtschaftliches Chaos. Die erste Unabhängigkeitsbewegung entstand. An der Universität von Rangun formierte sich der Widerstand unter dem Namen *Dobama Asiayone* unter der Führung zweier mutiger Studenten. Einer davon war Aung San, der Vater von Aung San Suu Kyi.

In einer Villa im Norden von Rangun ist ein kleines Museum untergebracht. Hier lebte die Familie des charismatischen Revolutionsführers, der im Jahre 1947 eines gewaltsamen Todes starb: In den Morgenstunden des 19. Juli überfiel eine Gruppe bewaffneter Männer die Sitzung des Verfassungskomitees und erschoss den zweiunddreißigjährigen General. Aung San gilt als Architekt der Freiheit Burmas. Vorerst als Verbündeter Japans, später aufseiten der Briten und Inder führte er sein Land in die Unabhängigkeit, wenn auch in eine bedingte. Das Lösen aus ausländischer Umklammerung, zumindest in ökonomischer Hinsicht, war nicht einfach. Auch innenpolitisch stellte die Uneinigkeit der verschiedenen Fürstentümer eine permanente Destabilisierung dar. Doch trotz aller Rückschläge erkämpfte sich das Land seine Freiheit. Der Kampf war blutig und dauerte lange. Nach dem Einfluss der Ausländer und wenigen Jahren der Unabhängigkeit übernahm schließlich eine Militärdiktatur die Herrschaft und verkündete am 30. April 1962 den »Burmesischen Weg zum Sozialismus«. Verstaatlichungen und Verbot aller politischen Oppositionsparteien waren die Folge, Burma landete hinter Gittern.

Fünfzig düstere, von diktatorischer Willkür geprägte Jahre sollte es dauern, bis über dem Land wieder die Sonne aufging: Die goldene Shwedagon-Pagode erstrahlte im Morgenlicht, als die Machthaber die Symbolfigur für Burmas Freiheit, Aung San Suu Kyi, aus jahrzehntelanger Haft entließen, wohl um ihr Image in der Welt aufzupolieren und ein Ende der Isolation zu erreichen. Der Westen belohnte die Reformbemühungen mit einer schrittweisen Abschaffung der Sanktionen, der amerikanische Präsident besuchte das Land, internationale Konzerne investierten, Tourismus und Immobilienmarkt boomten. Das alles erfährt der interessierte Besucher in dem kleinen Museum in der Bogyoke Museum Street nicht. Man sieht bloß, wo die Familie des Generals aß, schlief, wohnte. Die kleine Suu Kyi wuchs mit zwei älteren Brüdern auf. Sechs Jahre nach dem Tod des Vaters starb auch der ältere Sohn: Er ertrank im Schwimmbad, im unteren Teil des schönen Gartens.

Durch die Mittagshitze spaziere ich an der Shwedagon vorbei und lande – inmitten von Blumen. Eine große botanische Schau hat auf dem Gelände des Landwirtschaftsmuseums, am Westende des Kandawgyi-Sees, ihre Pforten geöffnet. Ein Meer von Blüten und geöffneten Regenschirmen, unter denen sich vielfältiges Leben regt. Eine Garküche sticht mir ins Auge. Ich bin müde, lasse mich auf einem roten Kinderstühlchen nieder und bestelle eine verspätete *Mohinga**, eine Frühstückssuppe mit Shan-Nudeln und Fisch. Ich sitze auf dem Gehsteig, ganz in der Nähe des Tiergartens. Der Verkehr braust vorüber. Plötzlich ein Knall. Unmittelbar vor mir verkeilen sich Autos ineinander: Auffahrunfall. Menschen springen auf, hektisches Telefonieren, Diskussionen. Nach einigen Minuten, die Suppe ist inzwischen ausgelöffelt, fahren die Blechkisten wieder ihrer Wege, jede mit der Trophäe einer zusätzlichen Schramme. Ich bezahle. Das Mädchen verlangt einen überhöhten Preis. Ich protestiere, aber sie strahlt mich an und deutet auf die Straße. Ich verstehe. Der Aufpreis versteht sich als Prämie für das Spektakel des zum Glück glimpflich verlaufenen Zwischenfalls. Ich lache und erhalte als Dank das zauberhafteste Lächeln, das sich denken lässt: Das Lächeln des jungen, wiedererstarkten Volkes, das glücklich ist über jeden, der sein Land besucht und dadurch zur Freiheit und Souveränität Burmas beiträgt.

Ich liebe Tiergärten, bin mir aber dessen bewusst, dass meine Freiheit im Widerspruch zu der der Tiere steht. Dennoch kann ich mich an ihrer Anmut und Schönheit nicht sattsehen. Vor dem Gehege des weißen Tigers werde ich selbst zum Schauobjekt. Ein Mann hält mir sein

---

* Rezept auf Seite 198/199

Handy unter die Nase: Er will mich inmitten einer Gruppe von Hydrozephalus-Patienten selfisieren. Im Nu bin ich umringt von Kindern, die mit ihren großen Köpfen wackeln und mich mit neugierigen Augen anstrahlen. Ich strahle zurück. Ihr Betreuer strahlt ebenfalls. Er verneigt sich, ich verneige mich, Erinnerungsfotos werden geschossen, die Gruppe entfernt sich. Ich beobachte, wie sie in Richtung Ausgang marschieren. In diesem Moment nehme ich dampfend-heißen Atem wahr. Der Gestank von verwestem Fleisch lässt mich erschaudern. Ohne es zu merken, bin ich zu nahe am Käfiggitter gelandet, Absperrungen gibt es hier nicht. Der riesige Schädel eines Tigers ist nur Zentimeter neben mir. Auf einer Parkbank sitzend lese ich, dass der Tierpark der weltweit einzige ist, in dem die Besucher gebeten werden, die Tiere zu füttern. Ich nehme nicht an, dass auch Ausländer als Nahrung vorgesehen sind, vorsichtshalber aber, und weil ich mich für den Abend noch frisch machen möchte, verlasse ich den Ort des schönen Schreckens und werfe mich einer Touristen-Nepp-Show im Karaweik Palace zum Fraß vor.

Bereits die imperiale Barke entpuppt sich als Fake: Sie ruht auf einem in den See gebauten Betonfundament und ist mitnichten ein Schiff. Es handelt sich um den Speisesaal eines Fremdenverkehrsunternehmens, das zahlungswilligen Ausländern einen »königlichen« Abend vorgaukelt. Essen und Ambiente sind tadellos, die Show selbst ist miserabel. Ein Fall für den chinesischen Massentourismus. Da ich als Alleinreisender strafweise genau unter der Klimaanlage platziert werde, dazu noch unmittelbar neben dem Kücheneingang, verlasse ich die dröge

Veranstaltung frühzeitig und tiefgefroren. Macht nichts. Heute habe ich viel über Burma erfahren: Was ich als Ausländer sehen sollte und was ich besser nicht sehen sollte. Für beides bin ich dankbar – beides erst ergibt das Ganze.

Puppen hinter Gittern
Rangun, 9. Jänner

Am Hauptbahnhof von Rangun herrscht Hochbetrieb. Wahrscheinlich kann man gar nicht früh genug vor Abfahrt des Zuges hier sein. In der großen Ankunftshalle drängen sich Tausende an den Ticketschaltern, hier kommt man nur mit Protektion (oder Gebündeltem) an die Reihe – oder eben als Tourist. Heute möchte ich mich von der *Circle Line* einmal rund um die Stadt ziehen lassen, angeblich eine lange Fahrt, der Zug hält bei jeder Buddha-Statue und davon gibt's hier eine ganze Menge. Freundlich werde ich darauf hingewiesen, dass ich mich zügig zu Plattform sieben begeben möchte. Ein paar weißhäutige Touristen scharen sich bereits um den Perron-Vorsteher. »Departure ten past ten!«, faucht er uns an. Ein feuerroter Strahl landet neben mir auf dem Asphalt. Unzählige Spuckspuren später fährt der Zug ein. Neben mir warten Amis, die sich wie ferngesteuert in einen mit Red-Bull-Werbebannern vollgepflasterten Waggon setzen, ich wähle das Abteil, das von Einheimischen gestürmt wird. Zwischen meinem Eintreffen im Bahnhof und der Abfahrt des Zuges sind mindestens zwei Stunden vergangen, ich hätte mich nicht zu beeilen brauchen. Irgendwann ruckelt der Zug los. Die Abteile haben Air condition *made in Asia*. Es gibt genau nichts, was man schließen kann. Fenster und Türen bleiben während der Fahrt offen, Kunststück, sie haben keine Scheiben. Ich beuge mich aus dem Fenster und versuche zumindest einen Hauch von Fahrtwind abzubekommen, bei dem Tempo gar nicht so leicht. Um zweihundert Kyat (14 Cent) umrunde ich vier Stunden lang die Stadt. Ein günstiges Vergnügen.

Ich bin umringt von Hausfrauen, Bauern, Handwerkern, Polizisten, Schülern und Babys, alle mit den entsprechenden Requisiten bestückt. Wir schnecken dahin. Schranken gibt es keine, der Querverkehr wird per Zufall geregelt. Menschen winken uns zu, im Kollektiv winken wir zurück. Das hebt die Stimmung und trägt zur Völkerverständigung bei. In kürzester Zeit bin ich Teil einer verschworenen Reisegesellschaft. Steigt einer von uns aus, fällt der Abschied herzlich aus. Jeder, wirklich jeder, Jung wie Alt, strahlt mich an. Für einen geborenen Wiener eine neue Erfahrung. Nirgendwo auf der Welt, so hat es den Anschein, wird so viel gelacht wie in Burma. Die lange Isolation, die Knechtschaft durch die Militärs haben die Menschen hinter sich gebracht, sie sind im Leben angekommen. Man freut sich über jeden, der das Land besucht. Burma fühlt sich wahrgenommen. Das ist das Geschenk – neben den Devisen.

Mir gegenüber krabbelt ein Winzling auf dem Schoß seiner Mutter herum. Er sieht aus wie ein kleiner Clown, seine Wangen sind mit kreisrunden Punkten bemalt. Die weiße Paste heißt Thanaka und wird aus der Rinde des indischen Holzapfelbaumes gewonnen. Angeblich schützt sie gegen die UV-Strahlen der Sonne. Die meisten Frauen und Kinder sind auf diese Weise »geschminkt«. Das Kind hat ein kugelrundes Mondgesichtchen und winkt mir unaufhörlich zu. Immerzu stopft ihm seine Mama diverse Leckereien in den Mund, gerade sind schwarz-weiß gesprenkelte Mini-Eier dran. Irgendwann heißt es Abschied nehmen. Der kleine Wonneproppen und der große Fremde winken einander noch lange zu, während der Zug langsam den Bahnsteig verlässt.

In Phaw Kao ist Grünmarkt. Bauern aus der Umgebung verkaufen hier ihre Produkte. Der Zug füllt sich mit Marktfrauen, die Unmengen von Bündeln mit sich schleppen. Unter viel Gelächter werde ich mit Körben und Säcken auf meinem Platz regelrecht einzementiert. Ausgelassen schnatternd machen sich die Frauen an die Arbeit. Das Gemüse wird geputzt, sortiert, in kleine Portionen gebündelt, verschnürt und wieder verpackt. Und: Es wird verkauft, was das Zeug hält. Auch ich schlage zu. Ich erstehe ein Säckchen mit den lustigen Sprenkel-Eiern. Die Fütterung des Kleinen hat mir Appetit gemacht. Die Dinger sind hart gekocht, lassen sich vorbildlich schälen und schmecken hervorragend.

Irgendwann nähern wir uns wieder dem Ausgangspunkt unserer Reise. Die Mittagshitze im Abteil ist mörderisch. Ich stelle mich in die offene Türe und versuche ein wenig Fahrtwind zu erhaschen. Plötzlich hält der Zug. Mein Blick fällt auf die Schienen. Keine davon ist gerade, sie verlaufen in Schlangenlinien: Horizontal und vertikal. An manchen Stellen beschreiben sie regelrecht kleine Sprungschanzen. Das erklärt, weshalb der Zug so unruhig fährt. Offensichtlich wurden sie seit der Gründung der *Burma-Railways-Company* nicht mehr gewartet. Der Zugsführer schreitet die Waggons entlang und zieht, einen riesigen Schraubenschlüssel in der Hand, an jedem Rad die Muttern nach. Auch bei den Bremsen? Ich will es gar nicht wissen.

Bald darauf rollen wir in den Hauptbahnhof ein. Eine neue Ladung Touristen blickt uns erwartungsfroh, aber ahnungslos entgegen. Bevor noch der Zug zum Stehen kommt, springe ich ab (was mich zweifellos als einer der Einheimischen ausweist), tippe lässig an meine Schläfe, zwinkere den Amis, die sich auf den Red-Bull-Waggon stürzen, zu und verschwinde im Gewühl der Reisenden.

Mein nächstes Ziel ist die Yama Street im Stadtteil Ahlone. Das dort befindliche *Htwe Oo Myanmar Puppet Theatre* habe ich in Wien im Netz entdeckt. Es soll eines der berühmtesten Puppentheater des Landes sein, angeblich schwer zu finden. Kein Problem für mich. Ich habe mit meinem Kollegen, Mr. Khin Maung Htwe, Generalmanager und Prinzipal der Truppe, bereits Kontakt aufgenommen, von Kulturmanager zu Kulturmanager, auf höchster Ebene, sozusagen. Ich wollte mir eines der begehrten Tickets sichern. Mails »flogen« von Wien nach Rangun und wieder zurück, – Htwe (in einem der Mails bat er mich darum, ihn so zu nennen) versicherte mir, alles in seiner Macht Stehende zu tun. Allerdings: Im gewünschten Zeitraum käme nur eine einzige Vorstellung infrage, da seine Truppe für ein Singapur-Gastspiel gebucht ist. Überhaupt läuft das Geschäft derzeit prächtig, die Vorstellungen sind knallvoll. Beunruhigt schrieb ich zurück, dass mein ehemaliges Theater eines der größten seiner Art in Mitteleuropa ist und dass mein Besuch in seinem Haus schon des Kulturaustausches unserer beider Länder wegen von Nutzen wäre, er möge doch seinen geschätzten Einfluss dafür verwenden, notfalls würde ich mich um diplomatische Unterstützung bemühen. Ich bekam positiven Bescheid: Ich möchte mir keine Sorgen machen, die Sache wäre auch vonseiten der *Republic Union of Myanmar* von allerhöchstem bilateralen Interesse. Ehrlich gesagt erschien mir das dann doch etwas übers Ziel geschossen, aber ich wollte es mir gefallen lassen, bloß um eines der raren Tickets zu ergattern.

Da sowohl Stadtplan als auch Handy (inklusive Google Maps) wohlverwahrt in meinem Hotelzimmer liegen, werde ich mich bei der Puppensuche auf meinen Instinkt verlassen, das dürfte bei einem so renommierten Haus wie dem *Htwe Oo* kein Problem darstellen.

An der Kaimauer des Irrawaddy, der hier Rangun River heißt, beobachte ich die bunten Longtail-Boote, die die Menschen ans andere Ufer bringen. Gleich daneben liegen die großen Pötte mit Containerbeladung, ein kleiner Gruß aus der Küche meiner nächsten Reise. Überall lese ich MAERSK, eine Aufschrift, die mir bestens bekannt ist. Auf allen großen Frachthäfen der Welt (sogar im »Hafen Wien«) stapeln Kisten mit der Kennung dieser Firma. Die Welt ist eng geworden.

In einem schönen Park lege ich mich unter einen Banyan-Baum und genieße den orangeroten Abendhimmel (um nicht zu sagen, ich mache ein Nickerchen). Ein Hund knabbert an mir herum. Jäh schrecke ich hoch. Der Köter hat kurzes, weißes Fell, darauf hellblaue Punkte. Traum, Willkür der Natur oder die bunte Version von Thanaka? Ich löse das Rätsel nicht, es ist inzwischen dunkel geworden und hoch an der Zeit, Kollege Htwe und seine Truppe aufzusuchen. Zwar bleibt mir noch eine knappe Stunde bis zum Beginn der Vorstellung, aber ich kenne mich im Bezirk Ahlone nicht (bis gar nicht) aus, der Randbezirk ist absolutes Neuland für mich.

Der Intendant hat darum gebeten, etwas vor der Zeit im Theater zu erscheinen, so könnten wir noch ein kleines Schwätzchen machen. Dem will ich gerne nachkommen. Ich beginne mich nach der Adresse durchzufragen, allerdings stößt meine Sprachkenntnis hart an ihre Grenze. Ich winke einem Taxi zu, der Fahrer starrt mich mit großen Augen an und – startet durch. Denselben Erfolg lande ich beim zweiten, dritten Wagen. Mein unverständlicher Wunsch scheint sich herumgesprochen zu haben, keiner der an mir vorbeibrausenden Wagen bleibt stehen. Ich beschleunige meine Schritte. Es ist nur mehr etwas mehr als eine halbe Stunde Zeit, und ich habe nicht die geringste Idee, in welche Richtung ich gehöre. Die wenigen Straßentafeln sind für mich unleserlich. Ich verfange mich im Gewühl eines Nachtmarktes. Menschen umringen mich, fassen nach mir und halten mir strahlend ihre Waren unter die Nase. Stereotyp wiederhole ich »Yama Street«. Männer lachen, Hunde schnüffeln, Kinder zupfen, Frauen wackeln mit den Köpfen, als wären sie alle Puppen aus dem Ensemble meines Freundes Htwe.

Endlich hält ein Wagen. Ich reiche dem Fahrer einen Zettel durch die offene Scheibe, darauf habe ich die Adresse des Theaters gekritzelt, allerdings mit englischen Schriftzeichen. Er nennt einen absurd hohen Preis. Ich

Man sieht fern in Ranguns Mahabandoola Road.

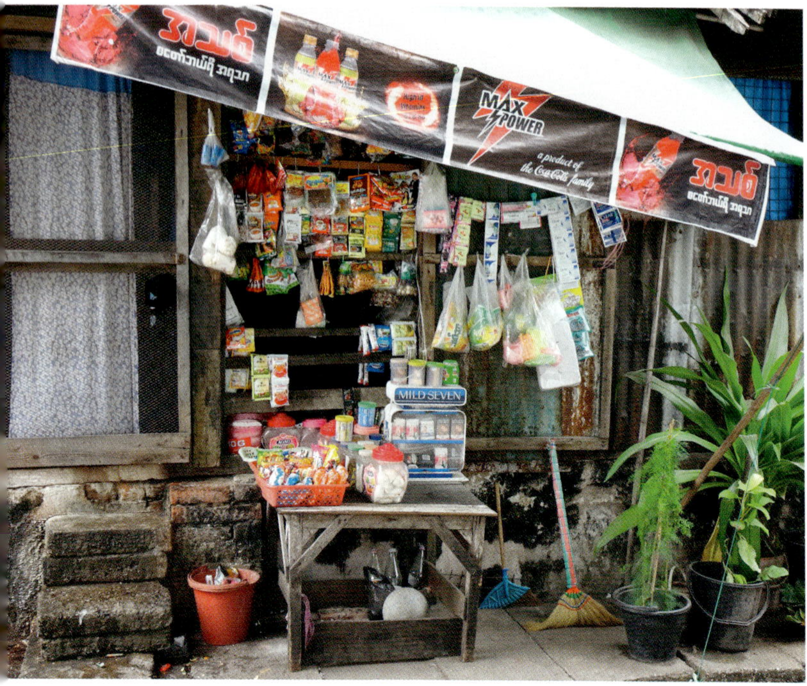
MAX POWER
a product of the Coca-Cola family
MILD SEVEN

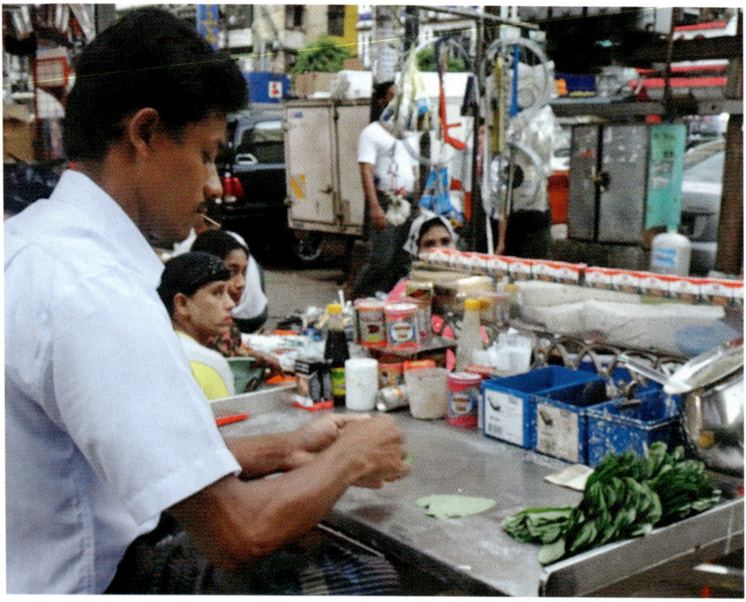

In Rangun ist
die Zeit stehen
geblieben.

Rush Hour in der
Anawrahta Road

In Südostasien sind
die Menschen süchtig
nach Betelnuss.

»Wie Schemen lösen sich Mönche aus der Nacht …«
Die Shwedagon-Pagode am frühen Morgen

Frühstück für
den Erleuchteten

Zwei Karaweik-Vögel
ziehen den Palast über den
Kandawgyi-See in Rangun.

In der Abenddämmerung schimmert die große
Pagode nicht nur wie pures Gold – sie ist es auch!

Ranguns Jeunesse dorée genießt den Sonntag im Park.

Buddhas Glanz
überstrahlt alles.

Die Palastgarde

Ein Fall für den chinesischen Massentourismus:
Talmi als »Touri-Show« im Karaweik Palace

Nicht einmal der Haupt-
bahnhof von Rangun kommt
ohne Ösi-Limonade aus.

Grünmarkt in Phaw Kao:
Marktfrauen als Reisebegleitung

Im Reich der Märchen und
Phantasie: das *Htwe Oo
Puppet Theatre* in Rangun

Am Ufer des Irrawaddy warten bunte Longtail-Boote auf Kundschaft.

Traum, Willkür der Natur oder eine tierische Version von Burmas Wunderpaste?

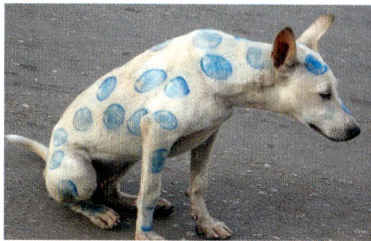

Hochspannung
in Rangun

Das National-
theater spielt
heute: »Minga-
labar!«

Im Krähen-
palast von
Nyaung Shwe

Padaung-Frau am schwimmenden
Markt von Ywa-ma

Über der Yadana-Man-Aung-Pagode in Nyaung Shwe geht die Sonne unter.

Bei den Ein-Bein-Ruderern am Inle-See

Die Fischer balancieren auf ihren Booten wie auf schmalen Bühnen.

Pagodenfeld in Indein

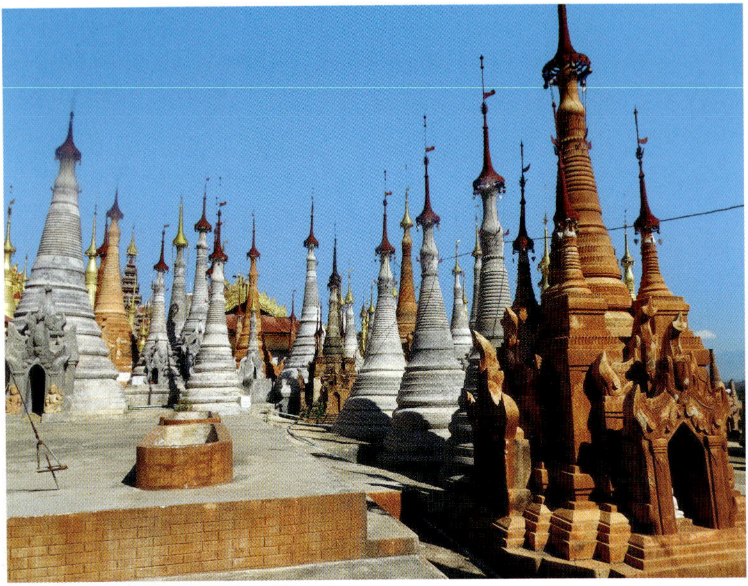

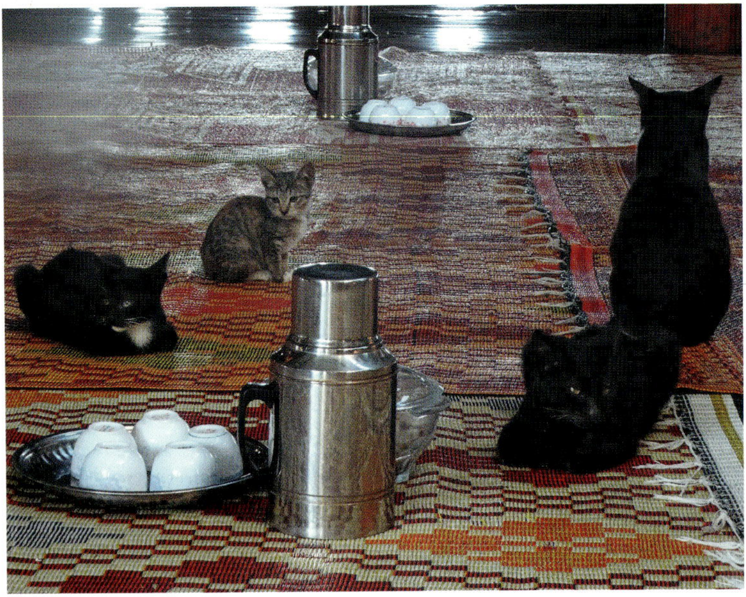

Im »Kloster der springenden Katzen«: Die kleinen Diven haben den Spaß an ihrer Arbeit verloren.

werde die Ausgaben mit der Österreichischen Botschaft verrechnen. Schweißgebadet lasse ich mich ins Auto fallen. Unzählige Stopps später biegen wir in eine schmale Gasse ein, bestehend aus sechs Häusern, drei links, drei rechts – die Yama Street. Der Fahrer wendet sich um und sieht mich fragend an. Ich sage: »Here we are!« Ich kann ihm eine gewisse Skepsis nachfühlen. Das »erste« Puppenhaus Burmas kann hier nicht stehen, keine der sechs Hütten sieht danach aus. Von einem wackeligen Balkon im ersten Stock aus beobachtet mich eine junge Frau. Ich nehme sie erst wahr, als sie mir zuwinkt. Vorsichtshalber grüße ich zurück. Sie bedeutet mir, ein wenig zu warten. Der Chauffeur sieht mich an, als wäre ich von einem anderen Stern.

Einige Augenblicke später wird ein vergittertes Tor aufgeschlossen, das noch zusätzlich mit einem Vorhängeschloss gesichert ist, und das Mädchen von vorhin bittet mich, ihr zu folgen. Der Fahrer fährt kopfschüttelnd davon. Wir steigen eine finstere Treppe hoch, eine Wohnungstüre öffnet sich, ich trete ein – und finde mich im Scheinwerferlicht einer kleinen Bühne wieder. Der Raum kann im Zivilberuf nur das Wohnzimmer der Familie Htwe sein. Vier Plastikstühle stehen da, einer ist noch frei. Die Zuseher, die bereits Platz genommen haben, starren mich erwartungsfroh an. Gewohnheitshalber verneige ich mich. Kein Applaus. Warum auch. Ich tue so, als ob ich mich sowieso bücken wollte, um nicht an einen Scheinwerfer zu stoßen, und setze mich. Damit ist der Zuschauerraum voll. Nach mir kommen noch drei weitere Besucher, einer davon ist alt. Er wird auf einen Divan gebettet, die anderen auf Hocker geschlichtet, was einen Komplettumbau des Zimmers erfordert.

Kollege Htwe, der Prinzipal des Hauses, tritt feierlich vor den Vorhang (eine umgearbeitete Fenstergardine) und begrüßt sein Publikum, eine Reverenz, wie ich es früher in meinen »Volkstheater in den Bezirken«-Vorstellungen oft genug praktiziert habe. Die Vorstellung sei heute mehr als überbucht, meint er, was ihn besonders freut, da seine Truppe erst vor Kurzem wieder zurück ist, man habe eine mehr als erfolgreiche Tournee hinter sich. Erfreulicherweise hat sich für heute Abend hoher Besuch aus dem befreundeten Europa angesagt, offensichtlich aber gäbe es im Konsulat Probleme, der hohe Herr ist bedauerlicherweise nicht erschienen. Ich versinke in meinen Plastikstuhl. Offenbar hat der Herr Direktor alles andere als einen schweißüberströmten, älteren Herrn erwartet, dessen Kleidung etwas ramponiert von einer langen Zugsfahrt ist und der in diesem Zustand keineswegs als Vertreter abendländischer Kultur durchzugehen vermag. Htwe holt ein bisschen aus, berichtet, dass er früher zur See gefahren sei (trifft man hierzulande nur Kollegen?), aber seine Frau und die beiden Kinder wären veritable Bühnentiere und so habe auch ihn mit der Zeit die Muse geküsst.

Auf dieses Stichwort hin knipst der junge Htwe, Sohn des Hauses, das Licht aus und ein bezauberndes Puppenspiel beginnt. Fabelwesen, Spaßmacher und Götter bewegen sich anmutig zu Trommeln und Zimbeln (aus dem Lautsprecher, nebbich) und erzählen tanzend die Geschichte Buddhas. »Verkürzt«, wie Freund Htwe zu Beginn augenzwinkernd ausführte – die ganze Geschichte würde den Zeitrahmen sprengen und die Nacht über dauern. Die Zuseher haben das mit zustimmendem Gelächter quittiert, offensichtlich eine ausprobierte Pointe.

Irgendwann geht das Licht wieder an, der Marionetten-Buddha hatte seine Erleuchtung und ich durfte einem kleinen theatralischen Wunder beiwohnen. In dem Raum von nicht mehr als fünfzehn Quadratmetern, mit sieben Zuschauern bereits überbelegt, inmitten einer Sechs-Millionen-Stadt, erlebe ich Theater vom Feinsten: voll von Magie und federleichtem Humor. Ich fühle mich beschenkt, verabschiede mich von der Tochter des Hauses, meiner Balkon-Bekanntschaft, verneige mich (unerkannterweise) vor dem Intendanten und seinen fabelhaften Strippenziehern und finde mich, einen Stock tiefer, auf der Yama Street wieder. Das Mädchen öffnet das schwere Gittertor. »Wie komme ich zurück nach Downtown?«

»Left«, flüstert sie mir verschwörerisch zu und sieht sich ängstlich um. Hinter ihr schnappt das Vorhängeschloss zu. Die Puppen und ihre Spieler benötigen offensichtlich Schutz. Scheu verneigt sich das Mädchen und verschwindet nach oben in ihre hermetisch abgeriegelte Welt.

Ich gehe links – und lande im Nirgendwo. Ich hätte es nicht anders erwartet. Kein Mensch ist um diese Zeit hier unterwegs. Vorbei an Straßenkötern tappe ich durch die Finsternis Ahlones, gelange zu dem Markt von vorhin und streiche an Bretterbuden entlang. Männer hocken da und rauchen süßlich riechendes Zeug. Mit glasigen

Augen taxieren sie den Fremden, der sich um diese Zeit in ihr Territorium vorwagt. Keine Straßenlaterne weit und breit. Einer der Männer nickt mir zu, die anderen spucken aus, drehen sich einander zu und flüstern. Sicher sind sie ebenso erschrocken über mich wie ich über sie. Der Marsch durch die Außenbezirke Ranguns ist kein Puppenspiel. Ich gäbe viel für ein Taxi, das mich hier wegholt. Am Ende der endlos langen Straße erkenne ich eine Schrift, die der Himmel schickt: »MAERSK«. Der Gott der Seebären und mein innerer Kompass haben mich den Kurs aus finsteren Gewässern hinaus auf hohe See finden lassen: Wie durch ein Wunder bin ich erneut am Hafen gelandet. Weit hinter mir, in der Schwärze Ahlones, glimmt ein schwacher Lichtpunkt, den mein Kollege Htwe während der dunkelsten Phase der Militärdiktatur (wie er uns in seiner Begrüßungsrede verschwörerisch mitteilte) mit seinem Leben und dem seiner Familie beschützt, verteidigt und in die neue, wenn auch noch misstrauische Zeit herübergerettet hat: der Schein der Märchen und der Phantasie.

Mingalabar!
Rangun, 10. Jänner

Majestätisch liegt er da, der Kasten, Marke »Palast der Republik« im ehemaligen Ost-Berlin, hingeklotzt in den Sechzigern, als die gestrengen Herren Burmas Ehrfurcht einflößende Bauwerke benötigten: das Nationaltheater. Das Volk sollte etwas zum Staunen haben. Kleckern war nicht. Aus der Myoma Kyaung Road kommend kurve ich um die Ecke und – erstarre. Eine breite Treppe führt hinauf zu den über die lange Front verlaufenden Eingängen. Ein Kulturpalast, wie er im Handbuch sozialistischer Grusel-Architektur steht. Die Marmortreppe ist vorsorglich rot eingefärbt, der Herr Direktor will sich das oftmalige Reinigen des Teppichs ersparen. Der riesige Klotz macht was her. Davor liegt ein Platz, bestens geeignet für Paraden aller Art: Beton, wohin das Auge blickt. Auch das erinnert mich an die Gegend rund um den unseligen Alexanderplatz in Mitte. Vorne an der Parkplatzeinfriedung entdecke ich eine tote Taube. Augenblicklich wird mir übel.

In meiner Zeit als Direktor des Volkstheaters lag einmal eines dieser Tiere hinter dem Haus. Kaum war es entsorgt, lag ein frisches Exemplar da, nur an anderer Stelle. Es schien, als ob jemand, sobald das Taubenvieh unter der Erde verschwand, ein frisches neben dem Hintereingang platzierte, zum (vermuteten) Zweck: Wann immer übelwollende Journalisten einen Beitrag über unser

Theater drehen wollten – die verendete Taube eignete sich bestens als Wappentier für den erbarmungswürdigen baulichen Zustand des Hauses. Der Vogel war willkommenes Symbol für »schlechte Auslastung«, für die »Kündigungswelle in der Schneiderei«, für das »liederliche Privatleben« des Herrn Direktor, wofür immer. Selbst wenn Good News zu verkünden waren, schmückte das tote Tier Beginn und Abschluss des Berichtes. Bilder sind, wir wissen es, Geschmacksverstärker, sie üben nachhaltigeren Eindruck auf den Betrachter aus als Worte. Kein Mensch hört, was gesagt wird, wenn parallel dazu ein Tierkadaver gezeigt wird. Wann immer ich seither eine tote Taube sehe, geht's los mit dem Pawlow in mir. Mir wird übel in Erwartung ebensolcher Nachrede.

Ich möchte zum Gebäude hin, Trostlosigkeit zieht mich an. »Stop!« Der Ton ist scharf, das Wort international verständlich. Der Türwächter des Nationaltheaters hockt neben seinem Verschlag und sieht mich durchdringend an, bedrohlich, wie die Vorboten jenes Schattenreiches nun einmal sind, deren Aufgabe es ist, an den Bühneneingängen dieser Welt Zivilisten zu arretieren. Warum ich gerade jetzt »Mingalabar« sage, weiß ich nicht. Seit Tagen hatte ich es auf den Lippen, bei allen nur denkbaren Gelegenheiten, jedoch war mir das Wort immer entfallen. »Mingalabar« heißt auf Burmesisch »Guten Tag«, wörtlich: »Es möge Segen über dich kommen.«

So weit möchte ich nun auch wieder nicht gehen. »Mingalabar«, tönt es zurück, und es hört sich um eine Spur freundlicher an – »The theatre is closed today?« Kalte Augen fixieren mich. Ich frage noch mal nach »… ob das

Theater heute oder morgen oder irgendwann mal …?«
»Mingalabar« setze ich noch nach, diesmal mit Nachdruck. Der Typ schraubt sich von seinem Sitz hoch, als wollte er sagen: »Du kommst hier nicht durch, mein Junge.« Ich deute auf den Betonhaufen, dann auf mich: »I'm coming from Vienna all the way along, you know. I was artistic director … ähm.«

Der Mann betrachtet mich ungerührt. Will er mich nicht verstehen oder kann er nicht? Um das Eis zu brechen, sage ich vorsichtshalber, diesmal mit mehr Nachdruck: »Mingalabar!« Roter Sabber speichelt in meine Richtung, ich weiche aus, er landet in Form eines Stoppschildes auf dem Asphalt. Die Züge seines Gesichts weichen auf: »Mingalabar.« Ich nicke in Richtung Theater. Er scheint zu überlegen, wackelt mit dem Kopf und gluckst. Sein abermaliges »Mingalabar« hört sich jetzt um eine Spur wohlwollender an. Das Eis schmilzt. Ich hau auch nochmal einen hinterdrein: »Mingalabar«, keine Ahnung weshalb. Wir stehen einander gegenüber wie zwei Schauspieler mit Texthängern. Zur Entspannung der Situation riskiere ich noch ein »Mingalabar«. Wer wagt, gewinnt. Ich merke, wie sein Bauch zu zittern beginnt, fast unmerklich vorerst. Weint er? Lacht er?

Ich sage auf Deutsch: »So wird das nichts, Chef. Ich wollte bloß wissen, ob dein Scheißtheater heute irgendwann mal aufmacht. Mingalabar!« Ich wende mich ab, seine Pranke landet auf meiner Schulter. »Mingalabar!« Er bleckt seine feuerrote Mundhöhle, verzieht das Gesicht zu einem breiten Grinsen und setzt dabei einen Redeschwall ab, dass ich erschaudere. Der Typ scheint einen Narren an mir gefressen zu haben und da ich gerade nicht weiß, was dem entgegenzusetzen ist, sage ich, und weil's ja bis jetzt auch funktioniert hat: »Mingalabar« – worauf sich der auf seinen Stuhl fallen lässt und es mit einer derartigen Urgewalt aus ihm herauslacht, als wollte er die tote Taube zum Leben erwecken. Er schmeißt mir seinerseits ein dröhnendes »Mingalabar!« entgegen. Die Szene nimmt Fahrt auf, sie erinnert mich an die herrlich absurden Dialoge in *Warten auf Godot* von Samuel Beckett (in der Wiener *Moulin Rouge*, zu einer Zeit als das Etablissement noch mit seinen spießigen Strip-Shows das verklemmte Wien in Erröten versetzte, durfte ich dort einmal den Estragon spielen. Die Rolle schenkte ich mir selbst zum Geburtstag, ich war der Produzent der Produktion). Ernst Jandl mit seinen herrlichen Wortspielereien linst auch um die Ecke.

Jetzt lache auch ich, was bleibt mir anderes übrig. Mal sehen, wohin sich der Text entwickelt – obwohl, eine Ahnung habe ich schon. Ich setze ein gespielt kleinlautes »Mingalabar« ab und sehe ihn komisch an. »Mingalabar, Mingalabar!«, japst er und das ist der Zeitpunkt, wo auch ich einen Lachanfall bekomme: »Weißt du was, Alter, dein Theater kann mich sowieso, ich meine, nicht falsch verstehen, ich habe schon Theatergeschichte geschrieben, als du noch … egal.« »Mingalabar!«, keucht er, »Mingalabar, Mingalabar!« Ich beende den Dialog, indem ich meinen Mund in groteske Querlage lege. Spezialität von mir, früher habe ich das in jedem zweiten Film gemacht. Er schnappt nach Luft wie ein Karpfen, wieder hat die Grimasse die erhoffte Wirkung erzielt. Ich serviere ein letztes

»Mingalabar« und wende mich ab. Er stöhnt und will mir vor Begeisterung zum Abschied um den Hals fallen. Das Theater ist heute geschlossen, so viel habe ich verstanden. Wahrscheinlich und wie es aussieht auch die nächsten Tage, wenn nicht Jahre. Egal. Viel mehr Vergnügen, als wir beide miteinander hatten, kann es seinen Besuchern auch nicht bieten. Von Theatermann zu Theatermann, – wir Bühnenmenschen verstehen einander, wir benötigen nur den richtigen Text und schon erklären wir einander die Welt.

An diesem Tag besichtige ich noch das Nationalmuseum (offen) und mache einen Spaziergang durch den prächtigen Volkspark (ebenfalls geöffnet). Auf einer Bank nicke ich ein und träume, wie schön Theater sein kann, wenn man es einfach nur geschehen lässt: Mingalabar!

Der Krähenpalast
Rangun – Nyaung Shwe, 11. Jänner

Das kleine Restaurant Aurora liegt an einer der Haupt-
straßen von Nyaung Shwe im südlichen Shan-Staat, nahe
des Inle-Sees. Der See ist der Grund, weshalb man hierher kommt. Ich bestelle Shan-Nudelsuppe und Fischcurry. Heute Früh bin ich von Rangun aus mit einer kleinen Propellermaschine herübergeflogen. Ich wollte mir
die lange Anfahrt ersparen, mit dem Bus dauert es zehn
Stunden.

Der Flug war ein Traum – obwohl ich ihn beinahe ver-
säumt hätte. Nach einer Sternfahrt durch die Vororte
Ranguns (ich glaube, der Taxler ist die Strecke noch nie
gefahren, die Fahrt hat, bei bester Verkehrslage, knapp
zwei Stunden gedauert) bin ich am Domestic Airport
gelandet. Die übliche Filzerei, Pass- und Visumkontrolle.
Gate achtzehn ist nicht aus der Welt, sodass sich sogar
noch ein kleines Frühstück ausgeht. Irgendwann krame
ich meine Bordkarte hervor und schlendere zum
Check-in. Die Hostess rollt mit den Augen und winkt
mich weiter, im Laufschritt eskortiert sie mich zum Rollfeld, wo bereits ein Jeep wartet, der mit mir zum Flieger
glüht. Die kleine Maschine der Myanmar Airlines ist halb
gefüllt. Kaum nehme ich Platz, schließt einer der Luft-
geier die Türe und der Pilot wirft die Motoren an. Ich
hätte nicht gedacht, dass man einen Flug verpassen
könnte, heute hätte ich es beinahe geschafft.

Wir fliegen unterhalb der Wolkendecke, das Land liegt in seiner ganzen Pracht zum Greifen nahe vor mir. Bald nach dem Start kommen dicht bewaldete Hügelketten in Sicht, etwas später der große See. Wir fliegen so tief, dass ich unwillkürlich die Füße anhebe, um nicht nass zu werden. Und dann setzen wir auch schon auf einer Dorfstraße auf: Der Flughafen von Heho gleicht in seiner Größe einer Trafik mit Parkplatz. Einige Passagiere steigen aus, die meisten bleiben sitzen. Kaum bin ich draußen, startet der Typ im Cockpit wieder durch und die Nähmaschine hebt ab.

Ich winke dem nächsten Taxi zu. »Twenty five thousand!« Ich schüttle den Kopf. »Twenty«, sage ich gewohnheitsmäßig. Der Fahrer wendet sich ab. »Okay, twenty five …« Er bleibt stehen. »If you go back, tomorrow or after tomorrow, it will cost only ten thousand. The way back is cheaper!« So viel Frechheit muss belohnt werden. Die Fahrt dauert eine knappe Stunde und führt über eine schöne Bergstraße hinunter in die Ebene.

Das *Manaw Thu Ka Hotel* ist der Knüller: hübsche Bungalows in einem ebensolchen Garten. Etwas außerhalb gelegen zwar, aber das macht mir nichts aus. Ich richte mich ein und spaziere in Richtung Nyaung Shwe. In unmittelbarer Nähe des Hotels gibt's das nächste Puppentheater (weiß Kollege Htwe davon?), gleich daneben steht der Palast des einstigen Shan-Fürsten Sao Shwe Thaike, ab 1948 erster Präsident Burmas. Die Befreiung von den Briten und den Japanern war vollzogen, die gewaltsame Unterwerfung durch die Militärjunta unter General Ne Win sollte Jahre später folgen. Das Land war zerrissen von Eigeninteressen der rivalisierenden Fürstentümer, das spielte dem bevorstehenden autoritären Regime in die Hände. Burma war noch lange nicht bereit für die Freiheit.

Der Palast ist aus feinem Teakholz und besteht aus großen Sälen, den offiziellen Räumen und unzähligen kleinen Privatgemächern. Barfuß bewege ich mich durch das geschichtsträchtige Haus. Bei jedem Schritt knarzen die Dielen, Schatten huschen an den Wänden entlang. Ich bin nicht alleine hier drinnen, riesige Krähen kratzen bei jeder Bodenberührung über das Holz und erzeugen ein gruseliges Geräusch. Mich würde es nicht wundern, wenn hinter einer Säule das Profil eines dicklichen Gentleman auftauchte, am Kopf die flotte Melone, im Mund eine dicke Zigarre. *Krck, Krck, Krck.* Aufgeregtes Flattern erfüllt den Raum. Ich erschrecke. Onkel Alfred scheucht die Vögel auf, sie schwirren hoch und suchen sich oben in den Dachsparren eine bessere Position. Kalte Augenpaare starren zu mir herunter und verfolgen jeden meiner Schritte. Vorsichtig dringe ich in ihr dunkles Reich vor.

Ein Luftzug streift mich, eine der Krähen schießt auf mich herunter. Ich reiße den Kopf zur Seite, das bösartige Vieh sticht ins Leere. Ohrenbetäubendes Krächzen zerreißt die Stille. Die anderen Vögel kommentieren den fehlgeschlagenen Angriff. Ich verberge mich hinter einer massiven Buddha-Statue und wehre den nächsten Vorstoß ab. Diesmal greift ein ganzes Geschwader an. Die Rabenviecher haben es auf mich abgesehen, von allen Seiten kratzen ihre rauen Flügel über meine Arme. Bösartige Luftwesen vollführen einen bizarren Tanz, dessen

Mittelpunkt ich bin, – Ritual einer verborgenen, nachtschwarzen Welt. Als Wesen der Luft haben die Vögel Zugang zu einer anderen Dimension: Sie beschwören vergangenes Unrecht, das sie als Legat über Jahrhunderte zu bewahren hatten. Die Bewohner des Palastes beginnen dessen Geschichte zu erzählen.

Eine Treppe führt ins Untergeschoß des Hauses, ich suche Schutz in der Unterwelt. Hier ist es noch düsterer. Käfige stehen da, massive Gitterstäbe, die in Ziegelwänden verankert sind. Ein ehemaliges Verlies oder dienten die Kammern als Lagerräume? Eine Gestalt biegt um die Ecke. Ich erstarre. Kalter Schweiß lässt mich trotz der abendlichen Schwüle frösteln. Ein altgedienter Folterknecht hat's auf Ausländer abgesehen – das Konsulat bekommt richtig was zu tun. Nichts davon: Ein Tourist schleicht durch die verborgenen Räume und bestaunt so wie ich das Schattenreich des Shan-Sawbwa, des letzten Potentaten seiner Zeit. Ein Lichtschein von oben. Fast senkrechte Stufen führen in die Freiheit. Ich habe genug von der Vergangenheit und steige ins Jetzt hinauf.

Es ist Abend geworden, das entzückende Nyaung Shwe beginnt zu leben. Überall nicken mir Menschen zu, als wollten sie mich trösten und mich gleichzeitig willkommen heißen. In einem Klosterhof, unmittelbar neben einer prachtvollen Pagode, die über und über mit Splitterglas belegt ist, spielen junge Mönche Fußball. Ihre flatternden Gewänder werden tausendfach in den Säulen gespiegelt und ergeben ein surreales Bild tanzender, sich ausgelassen drehender Derwische. Ich betrachte sie eine Weile, zeige ein paar Spielzüge vor (mitnichten, hätte ich gerne), dann gehe ich in Richtung Fluss. Eigentlich ist es kein Fluss, sondern der Zufluss zum sagenumwobenen Inle-See, der größten Sehenswürdigkeit der Stadt. Hier, am schlammigen Ufer, liegen die Longtails vertäut, schmale Holzboote mit Außenbordmotor, die die Touristen hinaus aufs Wasser bringen. Eine alte Frau spricht mich an. Ich denke, mein Geld ist bei ihr besser angelegt als bei einer der großen Agenturen, die die Bootstouren arrangieren. Ich buche für den nächsten Tag.

Die Dämmerung überzieht die Stadt mit zartrosa Licht. Auf dem Himmel über Nyaung Shwe wird die bleiche, runde Scheibe hochgezogen. Vor dem Freiheitsdenkmal, das den Besitzer des unheimlichen Krähenpalastes zeigt, rüsten die Menschen für das Vollmondfest. Im Hotel finde ich eine Nachricht vor: Wien, 15 Grad minus, Kälterekord. Allein die Vorstellung lässt mich frösteln. Ich ziehe vorsichtshalber einen Pullover über und mache mich erneut auf den Weg. Mein Ziel ist das Puppentheater.

Wieder ist es ein kleiner Raum, wieder ein Familienbetrieb. Diesmal habe ich nicht vorbestellt, ich bekomme dennoch ein Ticket. Der Patron ist auch gleichzeitig sein einziger Spieler. Die Dame des Hauses ist für Licht, vor allem aber für die Kasse zuständig, wie der Meister anlässlich seiner Begrüßung launig erklärt. Die Vorstellung dauert kaum eine halbe Stunde und ist – zauberhaft. Puppen segeln trickreich durch die Luft und vollführen akrobatische Kunststücke. Besonders gut gefällt mir der Clown, der einen Ball abwechselnd mit dem linken, dann mit dem rechten Fuß hochkickt, um ihn mit dem Nacken wieder aufzufangen.

Im Anschluss esse ich im *Aurora* das beste Fischcurry*
seit Langem. Ein ganzer, frischer Fisch aus dem Inle-See.
Die Sauce ist ein Traum aus Tomaten, Zwiebeln und frischen Kräutern, dazu gibt es einen Teller voll mit
Shan-Nudeln. Die begnadete Köchin erklärt mir mit
Händen und Füßen, wie das Gericht hergestellt wurde,
ich fürchte, ich werde es nicht hinbekommen. Ein Fall für
Kitchen Impossible, meine TV-Lieblingssendung: Sterne-
Köche kochen in exotischen Locations Speisen nach,
ohne das Originalrezept zu kennen. Das Curry ist ein
Kunstwerk, dabei will ich es belassen. Ganz abgesehen
davon, dass ich immer noch keinen einzigen Stern
habe …

---

* Rezept siehe Seite 200/201

Der See
Nyaung Shwe, 12. Jänner

Heute beginnt der Tag früh. Noch ist es bitterkalt am Inle-See. In einem der langen, schmalen Boote, die von einem Außenbordmotor über den See geschossen werden, nehme ich auf einem blauen Stühlchen Platz, dick eingemummt in eine Wolldecke. Vorsichtshalber habe ich meinen Anorak mitgenommen, ich werde ihn brauchen. Mein Fahrer stellt sich vor, er heißt Ag Ag. Warum auch nicht. Aussprechen tut man das »Au Au«. Ich lache. Er fragt nach meinem Namen. Ich sage: »Schotti!« Er lacht ebenfalls. In seinem Mund zähle ich genau drei Zähne, rundherum kommt mir alles bekannt vor: rötlich. Ein Sabber landet neben mir im Wasser. Damit wäre das Wesentliche gesagt, es kann losgehen. Über dem Kanal liegt morgendlicher Dunst, hinter den Bergen blitzt zaghaft die Sonne hervor. Die Wasserstraße öffnet sich und wir fahren hinaus auf den See. Ich lehne mich zurück und schließe die Augen. Lange habe ich davon geträumt: ein Ort geheimnisvoller Mythen und Geschichten. Ein See am anderen Ende der Welt, dort, wo Träume den Himmel berühren.

Ein Wasserschwall landet in meinem Gesicht. Das Touristenboot, das nach uns abgelegt hat, pfeift vorbei und setzt mich unter Wasser. Vielen Dank. Ich entschließe mich, mitzulachen. Die Wasseroberfläche schimmert wie pures Gold. Männer stehen in ihren Booten, halten Reusen und Netze in der Hand, ihr Bein umschlingt das lange Ruder, so manövrieren sie über den See. Dank ihrer speziellen Fußtechnik können die Fischer die Arbeit mit beiden Händen verrichten.

Vor Jahren habe ich im Wiener Leopold Museum eine Ausstellung mit Arbeiten des wunderbaren Alberto Giacometti gesehen. Eine Skulptur hat mich besonders beeindruckt: *Homme qui marche*. Giacometti muss sie gekannt haben, die Fischer vom Inle-See, die mit elegantem Schwung ihre Fischernetze auswerfen und grazil wie Insekten über das Wasser tänzeln. Im Gegenlicht ähneln sie Scherenschnitten.

Silberreiher fliegen in Formation vorbei. Der See und das umliegende Marschland sind Vogelschutzgebiet. Wasserlilien bilden lebende Inseln und treiben als Feuchtbiotope dahin. Es ist eine magische Welt, die für etwa siebzigtausend Menschen Heimat ist: Intha nennen sie sich, »Menschen am See«. Sie leben als Fischer, Bauern, Händler und Handwerker. Ihre Häuser stehen auf Pfählen, dazwischen staken sie ihre Boote auf schmalen Kanälen von Haus zu Haus. Sogar die Felder schwimmen auf dem Wasser, Geflechte aus Wurzeln und Humus. Mehrmals im Jahr wird das Gemüse geerntet. Der überaus fruchtbare und nährreiche Untergrund sowie das milde Klima machen es möglich.

Wir halten in einem Dorf und ich beobachte *Longnecks*, Giraffenfrauen, die an Webstühlen wunderschöne Seiden-Longyis fertigen. Die Frauen gehören zum Stamm der Padaung. Die Silbe *Pa* bedeutet »drum herum« und *daung* heißt »glänzendes Metall«. Gemeint sind die Messingringe, die sie um den Hals tragen. Manche schaffen in ihrem Leben bis zu fünfundzwanzig dieser Fesseln und finden dadurch höchste Anerkennung in ihrer Gemeinschaft. Mir tun die armen Frauen einfach nur leid, aber ich habe das nicht zu kommentieren.

Durch malerische Kanäle fahren wir in das kleine Provinzstädtchen Indein. Ich wechsle auf ein Motorrad und lasse mich zu einem Pagodenfeld oberhalb des Ortes bringen. Die Stupas stammen aus dem siebzehnten Jahrhundert. Damals war das Dorf nicht am Rande der Welt gelegen, sondern in deren Mittelpunkt: Indein war die Residenz des hiesigen Shan-Fürsten. Wie urzeitliche Tropfsteine stehen sie dicht an dicht auf einem heiligen Hügel, unzählige Pagoden und Stupas, stumme Zeugen verschwenderischer Pracht einer versunkenen Zeit. Unten im Dorf ist Profanes im Gange: ein Fußballmatch. Bei Vollmond arbeiten die Inthas nicht, es wird gefeiert.

Dazu kommt, dass Anfang Jänner die »Tage der Unabhängigkeit« begangen werden. Astrologen haben errechnet, dass die *Union of Burma* am Sonntag, den 4. Jänner 1948, um exakt zwanzig nach vier Uhr früh zum souveränen Staat erklärt werden sollte. Es blieb bei der Prophezeiung. Das Land wurde erst nach den November-Wahlen des Jahres 2010 frei.

Dennoch, die Menschen spielen und trinken, was das Zeug hält, die damalige bloße Aussicht auf bessere Zeiten gilt seither als Vorwand für ein mehrtägiges Fest. Die Beschaffenheit des Fußballackers von Indein ist vergleichbar mit dem Rasen des neuen Stadions im Westen Wiens. Das Team der Fly Emirates führt gegen die Heimmannschaft der Indein Strikers mit 3:0. Ich sehe noch drei weitere Tore der überlegenen Auswärts-Elf. Auf der Ehrentribüne ist ein Platz für mich freigehalten, schließlich überbringe ich dem Kollegen Präsidenten einen hübschen grün-weißen Wimpel (stimmt nicht). Ich besteige das Motorrad und brause zurück zur Anlegestelle.

Bei der einzigen Dorfkreuzung bremst mein Fahrer scharf ab, ein Mädchen klebt an unserem Vorderrad. Nur aufgrund einer akrobatischen Meisterleistung von Lenker und Beifahrer läuft der Zwischenfall glimpflich ab. Wie ein Wiesel verschwindet das unverletzte Mädchen zwischen den Hütten. Das Stunt-Team gibt sich die »Fünf«, das burmesisch-österreichische Team ist unschlagbar. In einem Café stöbere ich Ag Ag auf, er ist in eine Partie Poolbillard vertieft. Lachend winkt er mir zu und schleudert zur Begrüßung einen kräftig-roten Speichel in meine Richtung. Die Welt zeigt sich in Feierlaune: Ein See im Morgennebel, der einer japanischen Tuschzeichnung gleicht, ein Fußballmatch, das mindestens 6:0 ausgeht, ein abgewendeter Motorradunfall und eine glimpflich überstandene Spuck-Attacke.

In einem Pfahlhaus gegenüber der Phaung Daw U-Pagode, eine der heiligsten Stätten der Provinz, machen wir Mittagsrast. Das Innere beherbergt fünf unterschiedlich große Buddha-Statuen. Vier von ihnen werden im September jeden Jahres anlässlich eines großen Festes in eine Barke verfrachtet und von vierzig Longtails, in denen die kräftigsten Ein-Bein-Ruderer der Gegend am Werk sind, über den See gefahren. Am Kopf der Barke thront ein »Karaweik-Vogel« aus purem Gold. Die Statuen verbleiben jeweils für eine Nacht in einem der an den See angrenzenden Dörfer. Am nächsten Tag werden sie in den Nachbarort gebracht. Der kleinste der Buddhas verbleibt zu Hause, für ihn wäre die Reise zu beschwerlich – und zu gefährlich. Einmal kippte ein Boot und der Kleine wurde im See versenkt. Wie durch ein Wunder entkam er seinem nassen Grab, eine Wasserlilie hielt ihn angeblich mit einer ihrer Blüten fest.

Die Barke steht in einem Bootshaus neben der prachtvollen Pagode. Der Weg dorthin führt über einen Holzsteg, der nur für starke Nerven taugt: Lose Bretter, die von Wind und Wetter so vermorscht sind, dass nur die Geschicklichkeit des Darüberschreitenden sie vor dem Einbruch bewahrt. Es empfiehlt sich, den federnden Sinus-Schwingungen des Brettes zu folgen, um mit deren Hilfe ans rettende Ufer geschaukelt zu werden. In der Pagode selbst herrscht Hochbetrieb: Pilger kleben Goldblättchen auf die bedauernswert deformierten Buddhas, die aufgrund der zentimeterdicken Auflage aussehen wie festlich gekleidete Babuschkas. Das schmälert ihren Sympathiewert keineswegs. Im Gegenteil: Als Pilzlinge schließt man sie sofort ins Herz.

Nächste Station ist das »Kloster der springenden Katzen«. Die namensgebenden Tiere scheinen den Spaß an den schweißtreibenden Vorführungen verloren zu haben. Wie kleine Stummfilmstars lümmeln sie auf Bastmatten herum, inmitten ihrer Opfergaben. Tee, Früchte und Blumen werden von ihnen ignoriert. Gelangweilt lassen sie sich fotografieren, ihre große Zeit haben sie, scheint's, hinter sich. Vielleicht handelt es sich ja um Reinkarnationen verblichener Hollywood-Diven. In einer besonders trägen Katze vermeine ich das It-Girl vergangener Tage, die exzentrische Zsa Zsa Gabor, wiederzuerkennen. In der düsteren Teakholz-Halle versteht die kleinen, possierlichen, nach Ruhe strebenden Künstlerinnen wahrscheinlich niemand besser als ich.

Der Tag neigt sich dem Ende zu, goldenes Abendlicht fällt auf das Paradies. Einbeinige Stelzenwesen balancieren auf ihren Booten wie auf schmalen Bühnen und bewegen sich anmutig über die von letzten Sonnenstrahlen beschienene, irisierende Wasseroberfläche. Was für eine Welt, in der ich zu Gast sein darf! Die Fly Emirates haben die Indein Strikers wahrscheinlich grausam deklassiert. Gut, dass ich den Nachhauseweg antrete. Ich hätte, wie ich mich kenne, Partei für die Heimmannschaft ergriffen: Dieses Debakel wenigstens bleibt mir erspart.

Die schwarze Stadt
Bagan, 13. Jänner

Der Pick-Up fährt um eine halbe Stunde zu früh vor dem Hotel vor. Ungewöhnlich. Mit Verspätung kann man leben, zu früh kann für den Reisenden gefährlich werden. Kaum habe ich mich an der Rezeption zum Kaffee eingefunden, werde ich auch schon von einem freundlichen Herrn begrüßt und auf einen kleinen Lastwagen verfrachtet. Ich quetsche mich neben drei trotz der frühen Stunde zu guter Laune entschlossenen US-Girls. Wir werden zum Bus-Terminal von Nyaung Shwe gebracht, einem kleinen, staubigen Platz gegenüber dem Markt, wo bereits ein riesiges pinkfarbenes Überland-Ungeheuer auf uns wartet. Ich sitze auf Platz 25A, eingekeilt zwischen Fenster und einer der (wie könnte es anders sein) Stimmungskanonen von vorhin. Der Bus verlässt die Ebene und kämpft sich hinauf in die Berge. Jede Kurve wird von meinen Nachbarinnen lautstark kommentiert und in einer Links-Rechts-Bewegung mitgeschwungen. Dabei saugt sich meine Sitznachbarin immer wieder an mich, dass mir der Atem stockt, die Frau ist ein ziemlicher »Burger-Brocken«. Je satter ihre Annäherungen, desto spitzer die Kommentare ihrer Freundinnen. Vorerst spiele ich, zur allgemeinen Erheiterung, den »Überraschten«, aber mit der Zeit wird's mühsam. Verschlafen und hungrig (das Frühstück ist der frühzeitigen Abfahrt zum Opfer gefallen) habe ich die dicken Girls zu ertragen. Die

Straße scheint ins Nirgendwo zu führen. Höher und höher windet sie sich die Berge hinauf, vorbei an Hütten, vor denen Feuer glimmen. Es ist kalt hier oben. Die Menschen sind dick verpackt, Frauen tragen ihre Kinder in Jutesäcken auf dem Rücken.

Erste Station ist Kalaw, ein ehemaliger englischer Luftkurort auf dreizehnhundert Meter Höhe. Am Markt halten wir, gleich daneben steht eine Pagode, deren Stupa über und über mit Spiegeln verziert ist. Wie ein überdimensionaler Kristall funkelt sie in der Vormittagssonne. Einige Tramper steigen zu, schön langsam füllt sich der Bus. Von hier will man weg, es ist mehr als unwirtlich. In der Nacht scheint es geregnet zu haben, Wasserpfützen verwandeln den Marktplatz in einen einzigen, großen Tümpel. In den Hotels der Gegend, lese ich in meinem Reiseführer, werden zur Begrüßung Wolldecken und Regenpelerinen ausgegeben. Gute Idee, auch ich habe die letzten beiden Nächte frierend verbracht. Warmes Wasser gab's nicht, dafür aber eine Extraportion Steppdecken.

Der Bus quält sich die Kehren wieder abwärts, hinunter in die unübersehbar große Ebene. Entgegenkommende Fahrzeuge müssen auf unbefestigte Straßenteile ausweichen, die neue, breite Straße wird wohl noch lange auf sich warten lassen. Meine Nachbarinnen sind vor Erschöpfung eingeschlafen. Jetzt habe ich ein anderes Problem: Das Girl neben mir hat es sich mit ihrem ganzen Lebendgewicht auf meiner Schulter bequem gemacht. Vorsichtig versuche ich dagegenzuhalten. Das Traveller-Dasein kann ganz schön schweißtreibend sein.

Langsam wird das Klima auch außerhalb des Busses heißer. Fenster werden geöffnet, Sonnenjalousien geschlossen, die Klimaanlage läuft auf Hochtouren. Gnadenlos setzt die Sonne den Reisenden zu. Zu Mittag ist Essenspause, verordnet von der Firma. Ob hungrig oder nicht, für alle gibt's Lunch – und der ist beinahe gratis. € 1,50 für eine komplette Mahlzeit, da kann man nicht meckern. Vor allem: Er ist auch gut. Endlich hole ich mein Frühstück nach. Auch meine drei Kolleginnen langen ordentlich zu. Ich registriere das mit Sorge. Zur Abfahrt erscheinen sie mit Proviant: Berge von Chips-Tüten und Schoko-Riegeln.

Nach einer satten Stunde erreichen wir Meikita, eine Provinzstadt an einem schmucken, kleinen See. Er dient als Wasserreservoir und versorgt die umliegenden Reisfelder mit Flüssigem. Keine neuzeitliche Errungenschaft, schon vor tausenden Jahren floss hier Wasser durch unzählige kleine Kanäle und machte aus der Region die Kornkammer des Bagan-Reiches. Vor einigen Jahren kam das Städtchen wegen Übergriffen auf die moslemische Minderheit in die Schlagzeilen. Dutzende Todesopfer waren zu beklagen. Seither hat sich die Lage zwar entspannt, ich habe dennoch nichts dagegen, wieder abzulegen. In Orten wie diesen will man nicht bleiben, und wenn, dann nur mit dem Rücken zur Wand, da kann der See noch so idyllisch sein (was er auch ist).

Es wird immer schwüler, die Savannenlandschaft ist erreicht. Reisfelder, dazwischen Bohnen-, Sesam- und Erdnussplantagen. Eine schöne Palmenart fällt auf: die

Palmyrapalme. Aus ihr werden Zucker, Wein und Schnaps gewonnen. Majestätisch groß steht sie da, die Blätter gleichen riesigen Händen, dem Himmel wie zum Gebet entgegengestreckt. Und irgendwann, nach neun langen Stunden, hält der Bus tatsächlich an einem kleinen Busbahnhof in der Nähe von Bagan. Während die Reisegesellschaft erschöpft ihr enges, rosafarbenes Verlies verlässt, sehen sich die US-Girls nach Futter um. Ich rette mich ins nächste Taxi.

Die Fahrt zum Hotel kostet nochmal so viel wie die Busreise bis hierher, obwohl es keine fünf Minuten entfernt liegt. Ich checke ein und erfahre, dass ich keineswegs in Bagan gelandet bin, sondern in Nyaung U. Der Großraum Bagan besteht aus drei Stadtteilen: Neu-Bagan, Alt-Bagan und Nyaung U. Das Königreich Bagan wurde im elften Jahrhundert gegründet. König Anawrahta wollte sein Land religiös absichern, ein atemberaubender Bauboom begann: Tempel, Stupas, Klosteranlagen, insgesamt über dreitausend sakrale Bauwerke entstanden. Anawrahta und seine Nachfolger machten Bagan zum Zentrum des Buddhismus. Wer einen Tempel, Schrein oder auch nur eine Stupa spendieren wollte, war herzlich dazu eingeladen, er konnte so der Nachwelt seine unbedingte Religiosität demonstrieren. Aber nicht nur Könige zeigten sich generös. Wer Kohle hat und seine standesgemäße Wiedergeburt absichern möchte, trägt auch heute noch zur Instandsetzung oder Renovierung und damit zum weithin sichtbaren Glanz der Kunstwerke bei. Reisbauer oder Millionär, jedem Spender ist eine Ehrentafel sicher. Im Pagodenfeld von Indein stand ich fassungslos vor einer goldenen Inschrift: »Martin Schönsack mit Düsseldorfer Gruppe«.

Ein Wagen bringt mich ins Zentrum der Stadt, wo sich Restaurant an Restaurant reiht. Ich esse in einem indischen Restaurant, dessen Spezialität es ist, nichts zu verrechnen, wenn man mit dem Essen nicht einverstanden ist. Der Wirt kann das locker riskieren, das Essen ist von einer solchen Qualität, dass wohl noch nie jemand den Joker gezogen hat. Ich trete den Rückzug an, ich bin einigermaßen müde. Inzwischen ist es Nacht geworden.

Die wenigen Straßenlaternen bestehen aus Glühlampen, ihr Schein reicht nur ein paar Meter weit. Dazu kommt, dass es hier ausschließlich Sandpisten gibt, jedes vorbeifahrende Moped wirbelt Staub auf, als ob ein Wüstensturm die Stadt verfinstert. Straßenschilder ist nicht, und wenn, sie würden mir nicht weiterhelfen, ich könnte sie nicht lesen. Die Orientierung fällt dementsprechend schwer. Düstere Gestalten erschrecken ebenso vor mir wie ich vor ihnen. Ich versuche mich anhand von Lokalen zu orientieren. Als Anhaltspunkt nehme ich das Restaurant von vorhin. Ich erreiche die Stelle, von der ich annehme, aus dem Taxi gestiegen zu sein. Eine Bretterbude, in der bunte Papierschirme verkauft werden, kommt mir bekannt vor. Aber, es gibt eine ganze Menge von der Sorte, beinahe an jeder Ecke kann man die Dinger kaufen. Ich klicke mich durch die Speicherkarte meiner Kamera. Tatsächlich, ich habe den Laden fotografiert, ich bin richtig. Bald danach stoße ich auf eine asphaltierte Straße. Ein Taxi hält. Wir verhandeln den Preis, ich winke ab. Den Fehler sollte ich noch bereuen.

Große Hotels liegen an der Strecke, jawohl, daran erinnere ich mich. Siegessicher marschiere ich an ihnen vorbei. Irgendwo muss die Kreuzung sein, an der wir abgebogen sind. Aber: Es war hell, jetzt ist es stockfinster. In einem Restaurant brennt noch Licht. In dem großen, offenen Raum ist niemand, keiner, den ich nach dem Weg fragen könnte. Leben die Leute hier nur untertags? Ich marschiere weiter. Eine halbe Stunde später beginne ich unrund zu werden. Was, wenn ich falsch bin? Den ganzen Weg wieder zurück. Und dann? Die Abzweigung zum Hotel müsste längst erreicht sein. Ich habe nicht die geringste Ahnung, wo ich bin. Streunende Hunde sind die einzigen Lebewesen, die um diese Zeit noch unterwegs sind. Am Nachthimmel zeigt sich eine fahle Sichel, aber ihr Schein ist viel zu schwach. Neumond. Ein Straßenstand hat noch geöffnet. Die Frau versteht mich nicht. Sie kann auch die Visitenkarte des Hotels nicht lesen. Umkehren? Weiter. Straßenköter knurren mich an, ein unbeleuchtetes Motorrad taucht aus der Finsternis auf und knattert nur Zentimeter an mir vorbei. Der Fahrer hat mich ebenso wenig gesehen wie ich ihn. Ich muss auf der Fahrbahn gehen, unmittelbar daneben ist Urwald. Autos rasen mir entgegen und blenden mich so sehr, dass ich erst recht nichts sehe. Hier wurde nicht an nachtaktive Touristen gedacht. Sicherheitshalber beschleunige ich meine Schritte. Irgendwie ist mir schon lange nicht mehr wohl. Ich gehe und gehe und gehe. Ich hätte nicht gedacht, dass ich heute an die Grenzen meiner Kraft stoße. Ich habe nicht mal die Möglichkeit, nach links oder rechts abzubiegen, es gibt nur diese eine Straße. Zurückzugehen ist jetzt nicht mehr möglich, ich habe mich bereits viel zu weit vorgewagt. Das Taxi zu verschmähen war ein kapitaler Fehler.

Die Absurdität meiner Situation kommt mir zu Bewusstsein. Zu Beginn des einundzwanzigsten Jahrhunderts irrt ein Mensch in vollkommener Finsternis durch eine Welt, die er nie zuvor gesehen hat, die zu betreten ihn niemand gezwungen hat, die einfach nicht die seine ist. Auf sich allein gestellt folgt er inmitten der Unendlichkeit des Universums einzig und allein seinem Instinkt und Überlebenswillen.

Plötzlich steht es da, unerwartet und buchstäblich im Nirgendwo: ein spärlich beleuchtetes Schild, *GLORIOUS*. Träume ich? In einer der schwärzesten Nächte meines Lebens lese ich *GLORIOUS*. Wohnt hier die Streep? Oder die Bill? Wie aberwitzig es doch auf der Welt zugeht. »Der Zufall muss ein b'soffener Kutscher sein – wie der die Leut' z'samm'führt, is stark!« Nestroys großartig g'scheites Zitat aus dem *Mädl aus der Vorstadt* sticht selten mehr als jetzt. Das Stück hatte ich vor Kurzem inszeniert, es war mein letzter theatralischer Ausrutscher. Da sage noch einer, Kunst habe nichts mit Leben zu tun. Ein paar Schritte weiter erklärt sich das Rätsel. Das Schild gehört zu einem Hotel gleichen Namens. *Hotel GLORIOUS*. Stark! Hätte ich es nicht gesehen, ich könnte es mir nicht besser ausdenken. Daneben hängt noch ein zweites, kleineres Schild – das meines Hotels. Es ist kurz nach Mitternacht. »Der Erfolg des Wanderers beginnt damit, sich ein Ziel zu setzen«, notiere ich. Wer hat sich diesen Satz ausgedacht? Ich. Soeben. Ich danke Buddha, dass er mich mein Ziel erreichen ließ. Im Hof des Hotels, unmittelbar vor meinem Zimmerfenster, steht eine Art Tankwagen. Der Motor läuft. Ein Geruch steigt mir in die Nase. Dicke Rohre führen hinter das Haus. Mitten in der Nacht pumpt ein Jauchewagen die Senkgrube des Hotels leer. Nyaung U, die schwarze Stadt, heißt mich mit allen Sinnen willkommen.

Von Schwalben und Fledermäusen
Bagan, 14. Jänner

Die Sonne scheint, es ist hell und alles ist gut. Ich miete ein E-Bike und surre die endlose Straße entlang, die ich in der Nacht in entgegengesetzter Richtung marschiert bin. Die Straße führt, wir wissen es, ins Zentrum von Nyaung U. Markttag. Ein *Must*. Es ist einer jener asiatischen Märkte, wo man von Schraubenschlüssel über Textilien, Fahrradketten bis zu Fisch, Fleisch, Gemüse so ziemlich alles, was man zum Überleben benötigt, bekommt. Von diesen Märkten kann ich nicht genug kriegen. Natürlich sind sie schmutzig, laut und verwirrend, aber auch voller Lust aufs Leben. Ich streife durch die Marktstraßen, vorbei an Buden und Menschen, die mir ihre Ware unter die Nase halten. Ich lasse mich treiben, schwinge mich dann auf mein Bike und gleite lautlos durch die Stadt. Heute, bei Tageslicht, sieht alles freundlicher aus, obwohl: Sandsturm bleibt Sandsturm.

Mein erstes Ziel ist die Shwezigon-Pagode, eines der wichtigsten Bauwerke im Großraum Bagan. Dementsprechend überlaufen ist der Tempelbezirk. Trauben von Touris scharen sich um Guides, Einheimische meditieren, Kinder spielen, Alte dösen, Schülergruppen nerven – und mittendrin ich, der ich friedlich in der Sonne sitze und mich von ihren Strahlen wärmen lasse. Das ist das Schönste: einfach abhängen am anderen Ende der Welt und möglichst an nichts anderes denken als an die Liebe tief drinnen in meinem Herzen. Das Licht bricht sich in den filigranen Spitzen der goldenen Dachgiebel. Angeblich befindet sich im Inneren der großen Stupa ein Stirnknochen Buddhas, dazu noch ein Duplikat einer Zahnreliquie, deren Original im Zahntempel in Kandy, Sri Lanka, aufbewahrt wird. Den Standort der Pagode ließ König Anawrahta durch einen weißen Elefanten, die Reliquien am Rücken festgebunden, bestimmen: Dort, wo das Tier stehen blieb, begann man zu bauen.

Auch Weltensammler überkommt dann und wann ein Bedürfnis. Ich irre durch das Areal in der Hoffnung nach Erlösung. Sie kommt, in Form eines feinen Schildes: »To Lett/200,– Kyat«. Das ist es mir wert. Ein Wort zur Hygiene: In Burma gibt es die saubersten Toiletten ganz Südostasiens. Selbst in den einfachsten Restaurants ist guter Standard angesagt. Fremdenverkehr wird hier von der Basis her begriffen.

Auf meiner Karte versuche ich die unzähligen weiteren Pagoden zu lokalisieren. In der Früh habe ich mir eine Route zurechtgelegt, die bereits jetzt scheitert, weil ich kein einziges Hinweisschild finde. Ich frage mich recht und schlecht durch. Was hilft: Kontaktaufnahme mittels Verkaufsgespräch. Vor den Tempeln und Pagoden stehen Hunderte von Andenkenshops. Von der Anquatsche bis zur Gegenfrage nach dem richtigen Weg ist es nicht weit. Über unbefestigte Erdpisten pflüge ich mit meinem Bike kreuz und quer durch die Staubhölle des riesigen Tempelbezirks. Die Pagoden sind völlig unterschiedlich. Mal sind sie klein, in ihrem Inneren eng und nur durch einen schmalen Eingang zu betreten, mal prächtig groß, weitläufig und überaus reich geschmückt. Überall knien Gläubige, ins Gebet versunken. Die Besucher drängen sich ungeniert an ihnen vorbei, plaudernd, fotografierend. Ihre Fremdenführer machen sie lauthals auf die Sehenswürdigkeiten aufmerksam. Familien picknicken, Mönche predigen, von Mikrofonen scheppernd verstärkt. Rund um die Eingänge, die meist nach den vier Himmelsrichtungen ausgerichtet sind, haben die Devotionalienhändler ihre Verkaufsstände.

Ich komme mit einem jungen Mann ins Gespräch. Er spricht gut Englisch, das muss man ausnützen. Gegen sein Sortiment bin ich immun, aber einer seiner Kokosnüsse kann ich mich nicht verschließen. Er hackt sie auf und ich schlürfe die herrlich kühle Milch, lege mich unter einen der großen Schatten spendenden Bäume in eine Art Liegestuhl aus Bambusrohr, schnalle mir die Kopfhörer um und träume mich weg.

Ein leises Knabbern weckt mich, zwei winzig kleine, kugelrunde Augen linsen zu mir herunter. Ein Backenhörnchen knackt geschäftig eine Nuss und beobachtet mich misstrauisch. Ich habe nicht die Absicht, ihm seine Beute abzuluchsen und zwinkere ihm zur Beruhigung zu. In seine Backen hat das Tierchen bereits zwei weitere Nüsschen geschoppt – Vorrat für später, man weiß nie. Als Freund vegetarischer Ernährung habe ich Verständnis für gesundes Essen.

Ich fühle mich wieder fit genug und nehme die nächste Pagode in Angriff. Ihr Inneres gleicht einem Labyrinth. Eine Frau heftet sich an meine Fersen. Seltsamerweise werde ich von ihr auf Deutsch angesprochen, kann sie

»Menschen am See« nennt
sich das Volk der Inthas.

In Bagan, der »Schwarzen Stadt«,
werden bunte Schirme verkauft.

Marktfrau in Nyaung U

Die Shwezigon-Pagode in Bagan:
»Wo der weiße Elefant stehen
blieb, begann man zu bauen …«

Zeit hat im Tempelbezirk
keine Bedeutung.

Unterwegs im
Reich der Pagoden

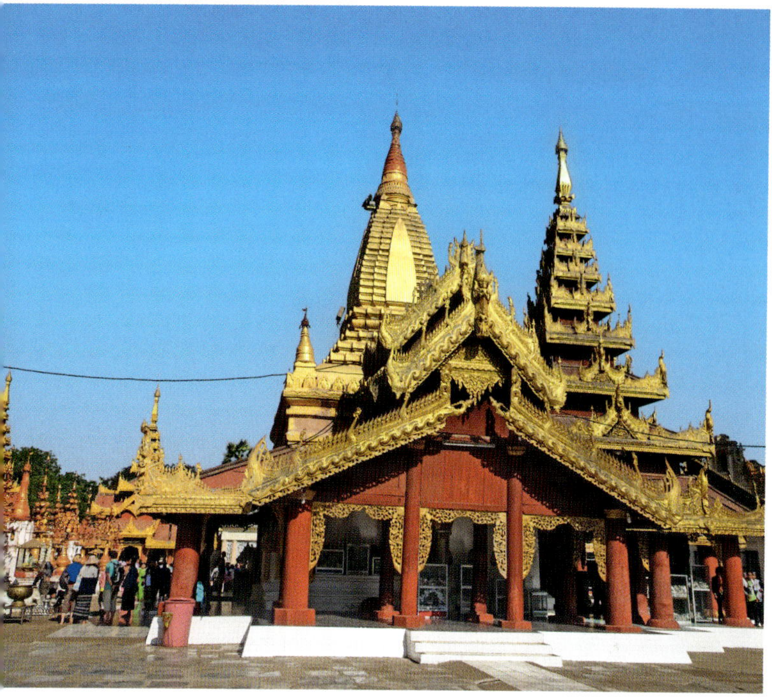

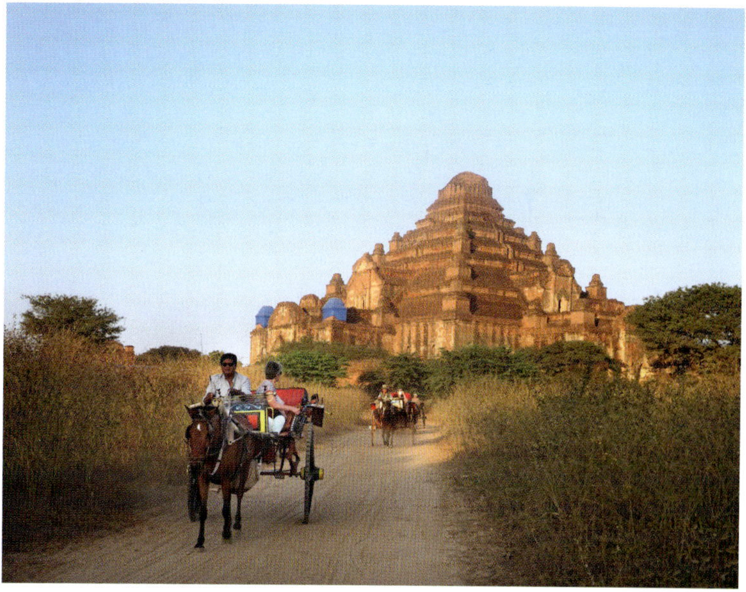

Buddhismus:
das Bedürfnis
nach Vollkom-
menheit und
Harmonie

Die Primaten der
Shwesandaw-Pagode,
Bagan

In der Dhammayangyi-
Pagode verbirgt sich ein
düsteres Geheimnis.

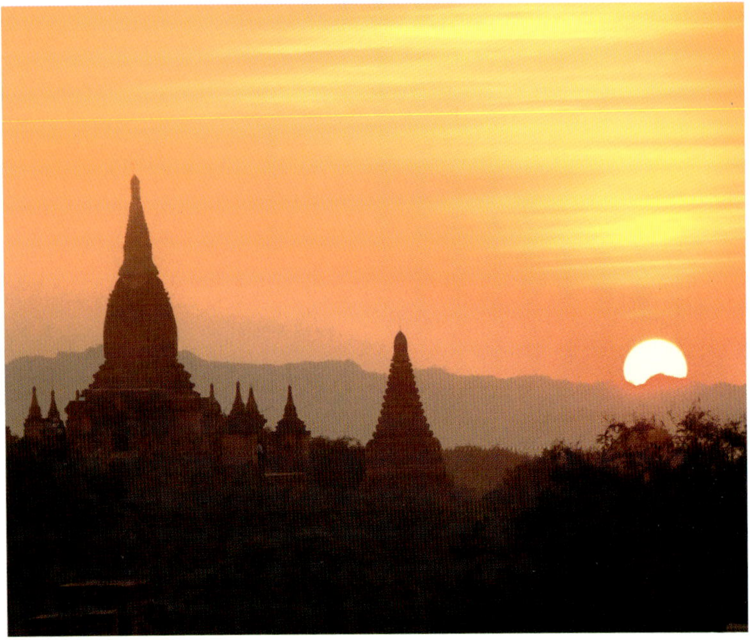

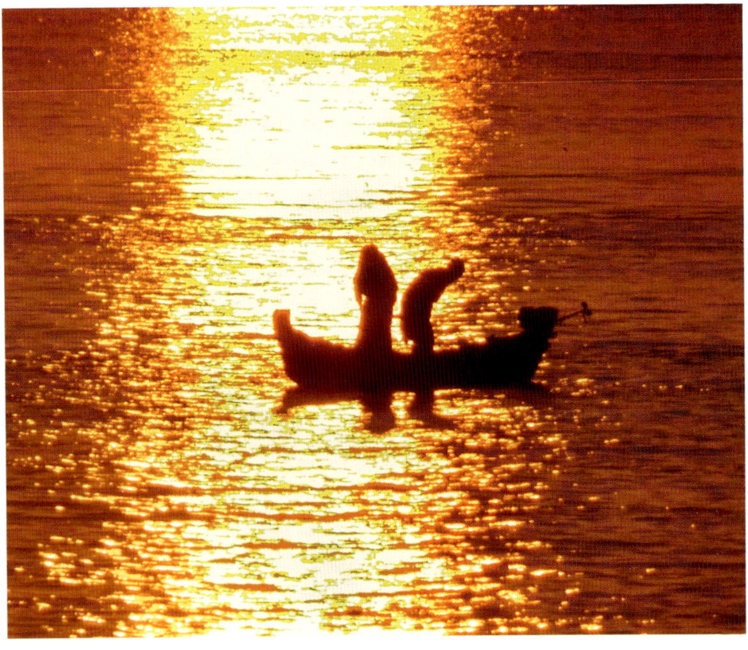

Sonnenuntergang: das seit ewigen Zeiten
gleich faszinierende Schauspiel

Fischer am
»goldenen« Fluss
Irrawaddy

Die Stupa der
Flaschenkürbis-
Pagode Bupaya,
Bagan

Am Himmel ist man nicht allein.

Balloons over Bagan

Auf der *Shwe Keinnery*, der alten Königsstadt Mandalay entgegen

Leben am Fluss

»Wie ein Vogel über
die Welt zu schweben,
ist jeden Cent wert!«

»Der Übergang vom Tag hin zur Dämmerung ist kurz wie ein Wimpernschlag.«

Road to Mandalay:
Früher wurde Teak-
holz transportiert,
heute sind Touris-
ten die begehrte
Ware.

Die Mahamuni-
Statue wird bis zur
Unförmigkeit mit
Blattgold überklebt.

Buntes Treiben
am Flussufer in
Mandalay

Seitengasse im
Zentrum von
Mandalay

Männer schlagen
mit schweren
Hämmern auf
Goldklümpchen
ein: Blattgold-
Herstellung in
Burma.

meine Gedanken lesen? Sie streckt mir einige Postkarten und Orwells *Tage in Burma* entgegen. Ich lehne ab, bekomme aber dennoch eine Führung durch die Dhammayangyi, eines der spektakulärsten Bauwerke Bagans. Bei einfallender Dämmerung wird sie von den Einheimischen gemieden, zu viele Legenden bringen sie mit Tod und Verderben in Verbindung. Wir schleichen durch finstere Gänge. Meine Führerin erklärt mir die Bedeutung der Buddha-Statuen aufgrund ihrer unterschiedlichen Handhaltungen. Plötzlich bleibt sie stehen. Durch einen offenen Sehschlitz sehe ich nach draußen: Es dämmert. Ich bemerke ihre Unruhe. Sie deutet nach oben. »Fledermauskacke«, murmelt sie ehrfürchtig. Ich bin mir nicht sicher richtig verstanden zu haben, folge ihrem Blick und bemerke erst jetzt die Sprenkel, die sich an den Wänden von unten bis ganz nach oben ziehen, als ob sie unter einer Kinderkrankheit litten. Die Frau erwartet, dass ich staune, also staune ich. Sie nickt bedeutungsvoll mit dem Kopf. »Fledermauskacke!«, wiederholt sie ernst und zieht mich tiefer in das Innere der Pagode. Vielleicht ist ihr der Ort wirklich nicht geheuer und sie ist froh um eine männliche, wenn auch kaufunwillige Begleitung.

Wir gelangen in einen anderen Saal. Ich deute auf die hier ebenfalls erkennbaren Wandspuren: »Fledermauskacke!« Ihr Blick ist eisig. »Schwalbenkacke!«, flüstert sie pikiert. Ernüchtert von einem, der weder Orwell zu schätzen weiß noch den Unterschied zwischen der Kacke einer Fledermaus und der einer Schwalbe zu erkennen fähig ist, verschwindet sie, ohne mich auch nur eines weiteren Blickes zu würdigen, im Labyrinth des unheimlichen Ortes. Das Klacken ihrer Sandalen, von den Wänden vielfach wiedergegeben, klingt, als ob sich die Fledermäuse keckernd über den ahnungslosen Fremden lustig machten – so lange, bis das Geräusch gänzlich verstummt. Mit dem Bewusstsein, dass deutschsprachige Touristen wenig Ahnung von der Schöpfung haben, bleibe ich im Inneren der Dhammayangyi in völliger Umnachtung zurück. Der Ruf der Pagode hat sich einmal mehr bewahrheitet.

Den Tag lasse ich auf der Shwesandaw-Pagode ausklingen. Das Gedränge ist groß. Wie die Primaten auf dem Felsen von Gibraltar hocken wir Nachkömmlinge hoch oben auf den Stufen der nach Westen ausgerichteten Fassade des Bauwerkes und warten auf das seit ewigen Zeiten faszinierende, Abend für Abend gleiche Schauspiel. Nirgendwo anders habe ich es schöner erlebt: das Wunder der glutroten, im Irrawaddy versinkenden Sonne.

Der nächste Tag beginnt mindestens so spektakulär: Über dem Mount Popa wird dieselbe Sonne wieder aufgehen und der Welt ihr erstes, verzauberndes Licht schenken.

Dem Himmel nahe

Bagan, 15. Jänner

Langsam, ganz langsam hebt sich der Ballon und schwebt in Richtung Himmel. Immer wieder schießt ein Feuerball in die riesige Kugel, dann wird es heiß im Korb darunter. Da es am Morgen noch empfindlich kalt ist, empfinde ich die plötzliche Hitze als angenehm. Unter mir wird die Welt kleiner und kleiner. Bis zu dreihundert Meter steigen wir hoch. Die Bodencrew, die uns eben noch zum Abschied gewinkt hat, ist kaum noch zu sehen. Der Himmel über der weiten Ebene in Zentralburma erstrahlt in zartem Morgenlicht. Unser Pilot herrscht über ein archaisches Reich: Gasflaschen, Knöpfe, Hebel, Schnüre. Unentwegt spricht er über Headphone mit einer imaginären Bodenstation. Außer mir sind noch fünfzehn andere Passagiere mit an Bord. Eigentlich im Korb. Wir hängen unterhalb der dunkelroten Kugel, festgehalten von nichts anderem als von dünnen Seilen. Der Pilot heißt Coen und kommt aus den Niederlanden. Ein Passagier fragt, wie man Ballonfahrer wird. »Man tut es einfach«, sagt Coen, »Ausbildung braucht es nicht wirklich.« Ich will es ihm nicht glauben.

Getroffen haben wir einander in stockfinsterer Nacht, um halb sechs Uhr früh auf einem freien Feld in der Nähe des Golfplatzes. Safaristühle sind im Kreis aufgestellt. Mit einer Tasse *Early Morning Tea* werden wir begrüßt und bekommen erste Instruktionen. Erstmal ist Durchzählen angesagt. Wenn der betreffende Namen verlesen wird, hat jeder mit lautem »Here!« zu antworten. Den Test müssen wir schaffen. »Im Korb hat nur einer das Kommando: Ich!«, schnauzt uns Coen an. Sollte sich jemand krank oder schwanger fühlen, muss er das jetzt melden. »Letzteres bezieht sich nur auf Frauen«, setzt er noch einen drauf und sofort ist die Gruppe auf Betriebstemperatur. Coen weiß, wie's geht. Entschlossen blickt er in die Runde, das Lachen verstummt.

»Das Wichtigste ist das Einüben der Landeposition«, sagt er scharf und zieht die Augenbrauen hoch. Das verstärkt die Wirkung. Wenn dieses Kommando ertönt, müssen wir uns alle hinsetzen, die Laschen vor uns fest in den Griff nehmen und den Nacken nach hinten gegen eine Gummirolle pressen. Was immer geschieht, die Stellung dürfen wir erst aufgeben, wenn er das diesbezügliche Kommando erteilt. Sollte der Korb unsanft landen, kippen oder auf dem Boden schleifen, solange kein Befehl ertönt, dürfen wir unsere Gebärhaltung nicht aufgeben. Gelächter. Coen winkt ab. Entschlossen blickt er jeden von uns an, diesbezüglich versteht er keinen Spaß. Ob wir verstanden haben? Kleinlautes Nicken.

Der Mann ist gewohnt, saubere Arbeit abzuliefern, also gibt es dazu eine Demonstration, ausgeführt von einem Mitglied des Bodenpersonals. Da der Korb noch seitlich am Boden liegt, vollzieht der Junge die Hockstellung in waagrechter Position. Die Älteren von uns rollen mit den Augen, andere lächeln tapfer. Ich lächle tapfer.

Noch liegt die Ballonhaut schlaff ausgebreitet auf dem Acker. Coen inspiziert Seile, Schnüre, Korb, Gasflaschen.

Er ist sich dessen bewusst, dass jeder seiner Handgriffe von den künftigen Passagieren mit Argusaugen verfolgt wird. Routiniert vollzieht er den Check, es soll alles möglichst cool aussehen, das erhöht das Vertrauen. Dann gibt er den Boys das Zeichen für die beiden großen Ventilatoren. Die Ballonhaut wird aufgepimpt wie die Oberlippe von Amanda Lepore. Inzwischen ist es hell geworden. Die Rotoren machen einen Höllenlärm. Coen nickt dem Chefmechaniker zu, der an der großen Gasflasche hantiert. Er öffnet das Ventil. Ein überdimensionierter Feuerwerfer wirft eine riesige Stichflamme in die schon pralle Haut. Langsam beginnt sich der Kugelfisch vom Boden zu lösen, der Korb richtet sich auf. Noch aber wird der Ballon am Boden festgehalten: das Halteseil ist am Bus befestigt, an jenem Bus, der uns von unseren Hotels aufgelesen hat. Die Crew krallt sich wie ein menschliches Bettelarmband an den Korb, um ihn zusätzlich zu beschweren. Noch fehlt das Wichtigste: die Passagiere. Wir haben schließlich einiges bezahlt für die Fahrt, die Sache ist nicht billig. In meinem Fall lag das Abenteuer unter dem Weihnachtsbaum, als Hauptgeschenk des heurigen Christkindls.

Coen gibt das Kommando zum Einsteigen. Wir sind in vier Gruppen zu je vier Passagieren eingeteilt. Ich bin mit drei Chilenen in einer Sektion. Über Steiglöcher entern wir den Korb, für die Schwereren unter uns ein erster Fitnesstest. »Landing position!«, brüllt Coen unvermittelt. Das muss er, denn der Brenner, der den Ballon mit Flammenstößen weiter und weiter aufbläht, ist mörderisch laut. Sofort hocken wir alle am Korbboden, die Hände an den Laschen, Nacken nach hinten gepresst. Unser Team funktioniert prächtig. Wir dürfen aufstehen. »Again! Landing position!« Wieder tauchen wir hinunter in die Hocke. Erste Unmutsäußerungen der älteren Kollegen werden von Coen überhört. Er ist damit beschäftigt, die große Gasflasche, die offensichtlich bereits leer ist, aus dem Korb zu hieven. Der erste Ballast wird abgeworfen, hier zählt jedes Deka. Beim Einchecken musste jeder von uns sein Gewicht angeben. Schummeln ist nicht. Coen hat uns, die Liste in der Hand, einer genauen Musterung unterzogen. Wer mehr als hundertfünfundzwanzig Kilo auf die Waage bringt, zahlt doppelt.

Wir dürfen wieder aufstehen. Keine Sekunde zu früh. Wir schweben. Untrügliches Zeichen: Die Bodencrew winkt. Coen feuert wie verrückt, der Ballon hebt sich. Zehn Meter, zwanzig, fünfzig … Ein Gefühl der Schwerelosigkeit erfasst jeden von uns. Ehrfürchtig sehen wir einander an, ungläubig. Wenn gerade nicht gefeuert wird, ist es totenstill im Korb. Lautlos steigen wir in den Himmel hinauf. Über dem Mount Popa, dem Berg, der sich wie ein Scherenschnitt vor dem Horizont abzeichnet, geht die Sonne auf. Glutrot hebt sich der Feuerball und verwandelt die unübersehbare Weite mit seinem Licht in eine Märchenwelt. Wie eine riesige Gouache liegen sie da, im morgendlichen Dunst: die Pagoden, Stupas und Klöster, steinerne Zeugen vergangener Jahrtausende. »Landing position!« Wie ein Mann lassen wir uns zu Boden fallen. Coen strahlt. Seine Truppe gehorcht vorbildlich. Er zupft, schraubt, dreht, feuert, der Mann steht förmlich unter Gas. Neben uns schweben jede Menge anderer Ballone. Manche sind gelb, andere grün. Unsere Firma hat die schönsten Kugeln: rot, mit elegantem gelben Emblem. *Balloons over Bagan* steht in schönen Lettern auf der Außenhaut, die Firma ist führend hierzulande. 1999 hoben die Bälle erstmals ab, mittlerweile werden täglich bis zu zweihundert Passagiere in den Himmel gehoben. Wie ein Vogel über die Welt zu schweben, ist ein unglaubliches Erlebnis und jeden Cent wert. Kein Motor, keine Turbine, kein Propeller, ausschließlich heiße Luft genügt, um den Ballon zum Schweben zu bringen.

Coen steuert uns in Position für ein Gruppenfoto. Die vordere Reihe muss sich klein machen damit auch die dahinter Stehenden gut zu sehen sind. Außerhalb des Korbes ist eine Kamera befestigt, die ich erst jetzt wahrnehme. Coen zirkelt eine Kurve, hinter uns liegt die Dhammayazika-Pagode mit ihrer goldenen Kuppel. »Kaas!«, brüllt Coen. Er ist schließlich Holländer und er muss es wissen. Alle lachen. Ein Passagier hat das Kommando missverstanden und taucht ab in die Gebärhaltung – ein Zeichen, wie gut trainiert die Truppe ist. Jetzt lachen tatsächlich alle und Coen hat sein Foto.

Die Fahrt dauert ziemlich genau fünfzig Minuten. Langsam, unendlich langsam verlieren wir wieder an Höhe. Unten am Boden verfolgt uns bereits das Begleitauto der Crew. Coen sucht eine geeignete Stelle für das Landemanöver. Jetzt sind wir nur mehr fünfzig Meter vom Boden entfernt, dreißig, zwanzig … »Landing position!« Wie ein Mann lassen wir uns fallen, ergreifen die Laschen, drücken den Nacken gegen die Gummirolle und pressen, was das Zeug hält. Durch ein Loch im Bastgeflecht sehe ich die Bodenmannschaft, die mit in die Höhe gestreckten Armen den Korb verfolgt. Coen wirft eine Leine über Bord. Der Korb streift den Boden. Instinktiv ziehen wir die Köpfe ein. Die Leine spannt, Hände greifen von außen an den Korb: Wir sind gelandet. Blitzartig wird das Himmelsgefährt von den Boys festgemacht. Die Chilenen applaudieren. »A photo! Again!« Coen hat uns noch immer im Griff. Wir von der ersten Reihe gehen in die Knie, die anderen stehen auf Zehenspitzen, so haben wir es gelernt. »Landing position!« Wir lassen uns zu Boden fallen. Einer der Passagiere hat sich einen Scherz erlaubt. Alle applaudieren. Der Spaßvogel bleibt unentdeckt. Coen blinzelt misstrauisch in die Runde und wirkt dabei wie Old Shatterhand nach Auffinden des toten Klekih-Petra (Lehrer des »Apachenhäuptlings Winnetou«). Einer von uns ruft: »Bravo, Coen!« Alle stimmen begeistert ein. »Routine …«, Coen winkt bescheiden ab, »nichts als Routine!« Was für uns ein einzigartiges Erlebnis ist, bedeutet für ihn Alltag.

Wir dürfen das Fluggerät verlassen, einer nach dem anderen klettert aus dem Korb. Das Areal ist bereits abgegrenzt, Safaristühle stehen im Kreis, das Buffet ist aufgebaut. Es gibt Croissants, frisches Obst und Champagner. Alle bekommen ein »Ballonfahrer-Diplom«, schließlich beherrschen wir das Gewerbe ja jetzt auch. Unser Chef hält seine letzte Ansprache. Wir dürfen die Fotos, für die wir so brav gepost haben, bestellen. In einigen Tagen werden sie auf die Website des Unternehmens gestellt und für schlappe fünfundzwanzigtausend Kyat erhält man den Zugangscode. Dann entlässt uns Coen, nicht ohne vorher noch rasch ein bisschen PR für einen weiteren Flug seines Unternehmens, den über den Inle-See, zu machen. Zum Abschied schüttelt er jedem von uns die Hand, wir sind schließlich jetzt Kollegen. Die Crew faltet die Ballonhaut zu einem kleinen Paket zusammen und verlädt sie, samt Korb, auf den Lastwagen.

Balloons over Bagan hat wieder einmal ganze Arbeit geleistet. Einer der Chilenen fragt Coen wie *ihm* der Flug gefallen habe. »Well, I did it.« Coen wird sich nicht ändern. Dennoch, ich werde ihn nie vergessen. Er hat mich das Fliegen gelehrt, wie ein Schwalbenvater sein Küken. Ich fühlte mich tatsächlich schwerelos. Für fünfzig Minuten bin ich dem Himmel ein Stück näher gekommen. Mehr kann man von einem Kerl wie ihm nicht verlangen.

Auf der *Shwe Keinnery*
Bagan – Mandalay, 16. Jänner

Um halb sechs in der Früh legt die *Shwe Keinnery* vom Jetty in Nyaung U ab. Pünktlich auf die Sekunde werden die Leinen gekappt und der ehrwürdige Kahn macht sich auf seine Reise in den Norden, nach Mandalay. Die Flussfahrt auf dieser Strecke ist der klassische Touristenpfad. Besonders in umgekehrter Richtung, die meisten wollen von der Goldenen Stadt in die Hauptstadt der Pagoden des uralten Bagan-Reiches. In der Richtung, die ich wähle, ist nicht so viel los. Außer mir sind noch drei Ausländer mit an Bord, nebst einigen Einheimischen. Es ist eine kleine Truppe, die sich zu nachtschlafender Zeit auf den Weg macht. Der Wecker hat um viertel nach vier geläutet, das Taxi kam eine halbe Stunde später. Im Hotel musste ich über schlafende Boys steigen. Keiner von ihnen ist erwacht, warum auch. Um Fremde muss man sich hier nicht bemühen, die kommen von selbst. Im Hof stand derselbe Jauchewagen wie vor zwei Tagen. Wird hier so viel verdaut? Das Land ist voller Wunder.

Es ist stockdunkel und empfindlich kalt, als der alte Pott den Pier verlässt. In der Kombüse bekommen wir heißen Tee und gesüßten Toast. Besser als nichts. Im Fernsehen gibt's in Endlosschleife die Ansprache eines Mönches.

1865 wurde die *Irrawaddy Flotilla Company* gegründet, bald schon avancierte das Unternehmen zur größten

Binnenschifffahrtslinie der Welt. Die Kolonialherren wollten ihre Beute schnell und sicher zu den nächsten Überseehäfen bringen. Noch heute wird der Fluss für den Transport von Gütern aller Art genutzt, in der Trockenzeit allerdings nicht ohne Schwierigkeiten. Da weist der Irrawaddy einen extrem niedrigen Wasserstand auf, zahlreiche Sandbänke machen die Navigation zu einem risikoreichen Hindernislauf.

Die Reisezeit nach Mandalay beträgt flussaufwärts zwölf Stunden, ohne Halt. Langsam beginnt sich der Himmel zu verfärben, ein spektakulärer Sonnenaufgang steht bevor. Gestern hatte ich ihn aus der Luft erlebt, heute sehe ich die Sonne über Burmas größtem Fluss aufgehen. Von schwarzblau bis stahlblau, von dunkelrot über orangerot bis gleißend hell, so präsentiert sich der Himmel über mir. Außer uns sind viele Lastkähne unterwegs, auch Passagierschiffe. Touristen lassen es sich einiges kosten, in einem der Luxusliner von Nord nach Süd verschifft zu werden. Wenn man will, kann man sogar bis Rangun buchen. Mir ist die »normale« Version lieber, es kommt meiner Philosophie des Reisens näher. An Komfort lässt auch der altgediente Kahn nichts fehlen: In der (sehr billigen) Schiffspassage ist, abgesehen vom Frühstück, auch ein Mittagessen enthalten. Da ich kräftig zulange, gibt es von der Köchin noch einen Nachschlag. Ich liege an Deck in der Sonne und träume von Rajkumar (*Der Glaspalast*) und seinem Teakholz-Handel, der sich hauptsächlich am Irrawaddy abspielt. Sandige Uferabschnitte wechseln mit Wiesen und Feldern ab. Manchmal kommt ein Dorf in Sicht. Das Leben der Menschen hier spielt sich hauptsächlich am Ufer ab. Es wird gewaschen, Toilette gemacht, gekocht, gearbeitet, Kinder spielen im seichten Wasser, Wäsche trocknet auf der Böschung, Fischerboote dümpeln, hinter den Hütten grast das Vieh. Und immer wieder blitzen zwischen dem hohen Ufergras Stupas und Pagoden hervor.

Ein Lotse kommt an Bord. Die *Shwe Keinnery* muss ihren verschlungenen Kurs, an unzähligen Sandbänken vorbei, finden. Manchmal reduziert der Kapitän die Geschwindigkeit so sehr, dass man glaubt zu stehen. Dann setzt das Schiff seinen Slalom fort und kommt dem Ufer dabei immer wieder bedenklich nahe. Nahezu fünfhundert Kähne umfasst die Flotte der Staatlichen Schifffahrtsgesellschaft, jährlich werden mehr als fünfundzwanzig Millionen Passagiere befördert.

Die meiste Zeit der Reise verbringe ich an Deck, beobachte die vorüberziehende Landschaft und inspiziere die Brücke. Die Mannschaft arbeitet hoch konzentriert, es herrscht angespannte Ruhe. Immer wieder deutet der Lotse auf Stellen, die es zu umfahren gilt. Vorne im Bug hocken zwei Matrosen und loten die Untiefen mit Stangen aus – sie haben farbige Markierungen, an ihnen wird die Wassertiefe abgelesen. Das Ergebnis geben sie an die Brücke weiter. Die *Shwe Keinnery* meistert die gefährlichen Stellen und fährt im Zickzack-Kurs in Richtung Norden, der goldenen Stadt Mandalay entgegen.

In den Tropen ist der Übergang vom Tag zur Dämmerung und weiter zur Nacht kurz wie ein Wimpernschlag. In vollkommener Finsternis tastet der Lotse mit Scheinwerfern den Strom ab, um nach Anzeichen von Versandung zu suchen. Wir passieren die altehrwürdige Inwa-Brücke mit ihrer imposanten Bogenkonstruktion, unmittelbar darauf die Yadanabon. 1934 wurde die Inwa von den Briten erbaut und war unvorstellbarerweise bis zum Jahre 1998, als die Chinesen eine Brücke in Pyay errichteten, die einzige Möglichkeit, am Landweg den Irrawaddy zu überqueren. Backbord kommen die Hügel von Sagaing in Sicht. Die unzähligen goldenen Stupas sind beleuchtet. Die größte unter ihnen sieht aus wie eine überdimensionale Nachbildung der mit kostbaren Edelsteinen besetzten Mütze von Thibaw, dem letzten König von Burma.

»Auf dem Weg nach Mandalay, wo fliegende Fische spielen und die Dämmerung wie Donner von China über die Bucht hereinbricht …«, Rudyard Kipling schrieb diese Zeilen in seinem Gedicht *Road to Mandalay*. Burmas Landschaft, seine Städte und Bauwerke sind von so außergewöhnlicher Schönheit, dass man ihnen nur in Form von Dichtung gerecht werden kann.

Steuerbord voraus glitzern die Lichter von Mandalay wie ein prächtiges Schmuckstück. Am Gawein-Jetty an der Strand Road, dort, wo die *Shwe Keinnery* morgen Früh mit einer neuen Ladung Touristen an Bord ihre Rückreise in Richtung Bagan antreten wird, legen wir an. Ich nehme ein Motorrad und lasse mich zum schönen Karaweik Mobil Hotel bringen. Es handelt sich um ein Schiff, das am Pier verankert liegt und zu einem Hotel umgebaut wurde. Flussseitig sind die schönsten Zimmer, ganz aus Teakholz, jedes mit einer eigenen, kleinen Terrasse. Für heute leiste ich mir ein bisschen Luxus, man soll nicht so sein. Ich bin schließlich in der Heimat angekommen. Zumindest in der von Rajkumar: Von hier aus nimmt die erstaunliche Geschichte von Amitav Ghosh ihren Ausgangspunkt. Ich bin tatsächlich gelandet, diesmal zum vierten Mal: Im viel besungenen, sagenumwobenen Mandalay!

Behämmertes Gold
Mandalay, 17. Jänner

Eine Schiffssirene weckt mich. Draußen ist es schon hell. Durch die Bastvorhänge fallen die ersten Sonnenstrahlen in mein Zimmer und überziehen das Bett mit einem Geflecht symmetrischer Linien, wie feinste Spinnwebfäden aus gleißendem Gold. Benommen vom Schlaf liege ich noch eine Zeit lang da. Die Bilder der letzten Tage haben sich tief eingeprägt: die Shwedagon-Pagode bei Sonnenaufgang, die Zugsfahrt rund um Rangun, der herrliche Flug nach Nyaung Shwe, die Bootsfahrt zu den Inthas und den Ein-Bein-Ruderern auf dem Inle-See, die Busfahrt über die Shan-Berge, die Pagodenfelder von Bagan, der nächtliche Fußmarsch durch die »schwarze Stadt« Nyaung U, der Ballonflug in der Morgendämmerung, der Sonnenuntergang, den ich, am Dach der Shwesandaw hockend, erlebt habe, die Fahrt mit der *Shwe Keinnery* nach Mandalay … Eindrücke, die ich so schnell nicht vergessen werde.

Ich gehe die Strand Road entlang und biege nach links in die Vierundachtzigste Straße. Mandalay gleicht einem großen Schachbrett, in dessen Zentrum sich der quadratisch angeordnete Königspalast befindet. Das Problem ist, dass auch hier nur die wenigsten Straßen angeschrieben sind, so wird der Spaziergang durch eine vermeintlich übersichtliche Stadt zur Rätselrallye. Ich nehme ein Motorrad zur Mahamuni-Pagode, drücke den

Preis auf zweitausend Kyat und brause durch den Früh-
verkehr.

»Where are you from, Sir?« Der Klassikaner. »Austria …«, sage ich knapp, während der Fahrt möchte ich
nicht so gerne sprechen, »where the kangaroos are coming
from!« Jetzt wendet sich der Fahrer erst recht zu mir um,
als hätte er sich verhört. »Beautiful Vienna!«, nickt er und
beschleunigt. Ich schäme mich über den drögen Witz.
Der Weg ist lang und ich bin froh, dass ich ihn nicht
gehen muss, ich hätte ihn im Leben nicht gefunden.

Vor der Mahamuni bremst der Fahrer scharf ab. »Two
dollar, Sir!« »You said two thousand kyat!«, sage ich. Der
Mann lächelt und schüttelt unmissverständlich den Kopf.
»Two dollar!« Ich drücke ihm zweitausend Kyat in die
Hand. Von wegen »Goldene Stadt«! Kaum angekommen,
wird man ausgenommen wie eine Mastgans. Verärgert
gehe ich zum Eingang der Pagode. Ich riskiere einen Blick
zurück. Der Fahrer lacht jetzt über das ganze Gesicht und
ruft in astreinem Deutsch: »Zwei Dollar sind zweitausend
Kyat, Sir!« Meine Fresse, der oberg'scheite Herr Ruck-
sacktourist hat sich gerade bis auf die Knochen blamiert.
Zum Glück kennt mich hier keiner. Nicht nur, dass ich
nicht rechnen kann, spricht der Typ auch noch meine
Sprache! Da hilft nur eines: Schuhe aus und abtauchen in
die schützende Dunkelheit der Mahamuni.

Überdachte Basar-Passagen führen von den vier Himmelsrichtungen aus zum Mittelpunkt der Aufmerksamkeit. Die Mahamuni-Statue ist die mit Abstand meistver-
ehrte Buddha-Figur Burmas und eines der beliebtesten
Pilgerziele des Landes. Sie ist beinahe vier Meter hoch,

war ursprünglich aus Bronze und wurde von den Pilgern im Laufe der Jahrhunderte bis zur Unförmigkeit mit Blattgold überklebt. Frauen ist es untersagt, bis zum Allerheiligsten vorzudringen, Männer werden nur mit Longyi vorgelassen. Der Weltensammler ist auf alles vorbereitet, er trägt das wichtige Stück Stoff immer mit sich. Bei dem mürrischen Typ, der die Pilger aufs Genaueste perlustriert, ist Endstation. Er spricht mich auf Burmesisch an, ich antworte auf Deutsch. Mal was anderes. Okay, so kommen wir nicht weiter. Ich hebe die Hände, zum Zeichen, dass ich unbewaffnet bin. Sein Blick soll mich einschüchtern. Ich starre zurück und denke an die Abwaage vor dem Boxkampf Klitschko gegen Dereck Chisora, kurz bevor die Ohrfeigen flogen.

Jetzt beginnt die eigentliche Untersuchung. Er grapscht von oben nach unten, rund um die Taille herum und – stutzt. Ist da was? Er fingert an meinem Gürtel herum und öffnet die Stoffbahn, die ich um die Hüften geschlungen habe. Okay, was wird das? Gut, dass die Kurze drunter ist, ich würde jetzt im Freien stehen. Ich rieche seinen Raubtieratem. Dürfen Buddhisten trinken? Mit elegantem Schwung packt er das eine Stoffende des Longyi, wirft es um meinen Unterleib und fängt es wieder auf. Nun bin ich in seiner Hand. Eigentlich in beiden. Mit einem Ruck zieht er mich an sich und beginnt die beiden Enden miteinander zu verschlingen bis ein hübscher Stoffknubbel entsteht. Sein ästhetischer Anspruch ist befriedigt. Er prüft sein Werk, klopft gegen meinen Bauch und schubst mich in Richtung Allerheiligstes. Ein eleganter Knoten ziert meinen Wickelrock, ich darf passieren.

Um die monströse Buddha-Statue herum herrscht Gedränge. Jeder will seine Spende in Form von hauchzarten Blattgoldblättchen loswerden. Der Anbetungswürdige kann sich nicht wehren, ergeben sitzt er da und lässt die Liebesbekundungen seiner Fans über sich ergehen. Scheinwerfer tauchen ihn in gleißendes Licht. Seine Handhaltung ist bestenfalls zu erahnen. Zum Krüppel verehrt, sind dem Bedauernswerten anstatt der Hände nur mehr zwei Stümpfe geblieben, die allerdings sind aus purem Gold. Auch einem Propheten sind dann und wann die Hände gebunden.

Das Gesamtgewicht der Goldauflage wird auf mehrere Tonnen geschätzt, sie soll bis zu fünfzig Zentimeter dick sein. Und noch etwas muss der Arme ertragen: In der Monsunzeit wird er von seinen Jüngern in dicke Wolldecken gehüllt. Dazu erhält er täglich um fünf Uhr früh eine Gesichtswaschung, und, als besonderes Service, Mundhygiene: Ob man es glaubt oder nicht, es werden ihm täglich die Zähne geputzt. Dies allerdings unter Ausschluss der Öffentlichkeit, es gibt Grenzen.

In einer Ecke des Tempelbezirkes stehen schöne Bronzefiguren: Löwen, ein Elefant mit drei Köpfen und Tempelwächter, deren Bäuche und Brüste golden schimmern. Angeblich heilt das Berühren der Statuen an den entsprechenden Körperstellen die eigenen Beschwerden. Womit erwiesen ist, dass die hiesige Ernährung auch Einheimischen zusetzt. Und der Wunsch nach Brustkorrektur lässt sich ebenso wenig verbergen. Anders kann ich mir die blankgescheuerten Körperteile der Figuren nicht erklären.

In einem kleinen Straßenrestaurant esse ich zu Mittag. Mein nächstes Ziel ist die Sechsunddreißigste Straße, im rechten Winkel zwischen Siebenundsiebzigster und Achtundsiebzigster. Sollte zu finden sein. Ist es aber nicht. Zumindest nicht so leicht. Ich orientiere mich an den Bahngleisen, die vom Süden her in die Stadt führen. Schon von Weitem höre ich die Geräusche, nach denen ich fahnde: *Gold beating* nennt sich das Handwerk, das ausschließlich im Stadtteil Myat Par Yat betrieben wird. In düsteren Hütten stehen junge, durchtrainierte Männer und dreschen mit schweren Holzfäusteln auf kleine Päckchen ein. Vorgeschmolzene Nuggets werden zwischen Bambuspapier und Leder gelegt und so lange behämmert, bis die Goldstückchen nur mehr ein tausendstel Millimeter messen, dünner als ein getrockneter Tintenstrich. Der Rohstoff wird hauptsächlich aus dem Irrawaddy und seinen Nebenarmen herausgewaschen, bearbeitet wird er hier. Vor jedem Arbeitsgang werden die Lederlappen sorgfältig eingefettet, auf einem schräg gestellten Steinpflock fixiert und los geht's: Mit gleichmäßigen Hieben malträtieren die Burschen sie so lange, bis sie platt sind.

Die Betriebe, in denen die hauchzarten Goldblättchen, die Gläubige in ganz Burma auf Buddha-Statuen kleben, produziert werden, sind im Besitz einiger weniger Familien. Die Arbeitszeit der Goldschläger ist genau festgelegt. In einem Gefäß schwimmt eine Kokosnussschale, die stetig mit Wassertropfen befüllt wird. Sinkt die Nuss, ist Schichtwechsel. Der Job ist einträglich, aber schwieriger, als man meint: Er muss erlernt werden. Klassenziel sind gezielte, gleichmäßige Schläge. Mit sechzehn Jahren darf man ran, nach zehn Jahren Arbeit stellen sich erste gesundheitliche Probleme ein, weitere zwanzig Jahre später ist der Rücken dienstuntauglich. Das Gold kann man übrigens auch essen, es wird Schokolade beigemischt und soll gesund sein.

Ich gehe weiter zu den Schwestern Daw Thi und Daw Yi, deren Laden in der benachbarten Achtzigsten Straße liegt. Die betagten Girls gelten als Veteraninnen der Thanaka-Paste, ihr haben sie ihr Leben geweiht. Hier, auf Nummer hundertdreiundsechzig, wird die Paste verkauft, in jeglicher Form: als Seife, Creme, Parfüm, Salbe oder als Rohstoff zur Selbstverarbeitung. Sogar den Stein, den es braucht, um die Holzapfelbaumrinde darauf mit ein paar Tropfen Wasser zu zerreiben, gibt's hier. Die Wundercreme wird von den Burmesinnen auf den Wangen als dekoratives Make-up aufgetragen, manchmal sogar im ganzen Gesicht. Sie schützt gegen Sonne und hält die Haut geschmeidig. Hier, an authentischer Quelle, kaufe ich den Daw-Schwestern eine ihrer berühmten gelben Dosen ab.

Ein Motorrad bringt mich zum Nationaltheater von Mandalay. Mingalabar! Auch hier ergeht es der Kunst nicht anders: Das Haus ist geschlossen. Jede verschlossene Theatertüre bedeutet einen weiteren, kleinen Tod. Ich begreife Theater als Anderswelt. Ein Kultort, magisch, geheimnisvoll, aber von luzider Klarheit. Ein Ort, der die Zeit vorantreibt oder verlangsamt, ein Ort, der den Schrei ebenso beherrscht wie die Stille. Verantwortungsvolles Theater ist Sprachrohr für gesellschaftliche Zusammenhänge. Theater schafft Freiraum zum

Denken *und* Spielen, es kommt aus dem Bauch *und* aus dem Kopf. Und: Es rührt ans Herz der Dinge. Werte werden sinnlich begreifbar. Theater unternimmt Reisen in die Geschichte und zu den Geschichten. Vermutlich wird der Begriff hier noch anders verstanden, dennoch: Ich will daran glauben, dass kritisches, zum Nachdenken herausforderndes Theater in Burma mit der Qualität der Bildung an Bedeutung gewinnen möge.

Als Alternativprogramm besuche ich die Kuthodaw-Pagode, in der das größte Buch der Welt zu besichtigen ist. Man sagt, dass die besten Kunsthandwerker des Landes sieben Jahre, sechs Monate und zweiundzwanzig Tage daran gearbeitet haben, um die *Tipitaka*, die Lehre Buddhas, in Stein zu meißeln. Würde jemand acht Stunden pro Tag lesen, er bräuchte eineinhalb Jahre, bis er durch ist. In Buchform ist sie erstmals im Jahre 1900 erschienen: Achtunddreißig Bände zu je vierhundert Seiten. Um jede der steinernen Buchseiten wurde eine kleine Pagode errichtet. Selten habe ich mich so behütet gefühlt wie hier, inmitten von Literatur, umgeben von Millionen von Buchstaben. Ein Mahnmal für Empathie und Toleranz.

Ich besichtige noch rasch den in der Nähe der Kuthodaw gelegenen Teakholz-Palast von König Mindon, dem vorletzten König Burmas, in dem später ein Kloster eingerichtet wurde und der heute Museum ist. Der eindrucksvolle Palast birgt eine Kuriosität: Der Feinspitz Mindon hat überhöhte Türschwellen zwischen den Räumen errichten lassen. Die Damen, die sie überschritten, mussten dabei ihre Longyis heben, sodass dem auf der Lauer liegenden König eine eindrucksvolle Auswahl weiblicher Fußgelenke präsentiert wurde. Sah er ein kleines Tattoo an geheimer Stelle, erkannte er, dass es sich um eine seiner Konkubinen handelte. Wo nicht, mussten sie dazu gemacht werden. Ein unwiderstehliches System.

Der Tag neigt sich dem Ende zu, Zeit für die Erstbesteigung des Mandalay Hill. Vom zweihundertsechsunddreißig Meter hohen Hügel hat man einen herrlichen Blick über die Stadt. Rund um die Two Snake-Pagode ist eine großzügige, mit verspiegelten Säulen bestückte Terrasse angelegt. Hier genießt man, wie könnte es anders sein, einen spektakulären Sonnenuntergang. Erarbeiten aber muss man sich das Vergnügen schon: Die fast tausend Stufen sind barfuß zu ersteigen, es handelt sich schließlich um eine Buddha geweihte Stätte.

Unten angekommen, treffe ich auf Htoo Aye. Der Mann steckt mir seine Karte zu. »Always the best serve for you« steht drauf. Wer kann dem widerstehen? Darunter sind fünf Telefonnummern notiert. Der Typ ist bestens vernetzt. Mr. Htoo Aye besteht darauf, mich nach Amarapura zu chauffieren. Dort, in der alten Königsstadt, steht die U-Bein-Brücke, die längste Teakholz-Brücke der Welt. Sie wird von eintausendsechzig Pflöcken getragen und misst zwölfhundert Meter Länge. Wir schlagen drauf ein, das Teil wird morgen besichtigt. Punkt fünfzehn Uhr wird mich Htoo vom Hotel abholen.

Heute aber muss er mich noch in ein Restaurant bringen, das als eines der besten gilt: Das *Golden Shan* ist auf Vegetarisches spezialisiert und ist, wie ich gelesen habe, ein absoluter Geheimtipp. So geheim, dass wir lange herumirren müssen, um es zu finden. Htoo lässt nicht locker und fragt sich durch. Das Lokal ist erst vor Kurzem übersiedelt. Dort wo es stand, klafft jetzt ein großes Loch im Boden, als hätten es Fleischesser ausgebuddelt und entsorgt. Wir finden das neu eröffnete Lokal einige Straßen weiter, in einer Garage, ich bin nicht heikel. Das Buffet ist gut, das Essen noch besser und der Preis ist ein Hit. Für schlappe viertausend Kyat (knapp drei Euro) kann man so viel essen, wie man will. Ich schlage kräftig zu. Der Tag war lang und ich bin entsprechend müde. Außerdem: Ich muss zurück an Bord meines Schiffes, heute Abend legen wir ab!

Der Glaspalast
Mandalay, 18. Jänner

Abgelegt haben wir nicht. Das Schiff blieb, entgegen der Ankündigung einer nächtlichen Hafenrundfahrt, am Kai vertäut. Auch gut. Reisende müssen flexibel sein. Dafür buche ich einen Trip nach Hsipaw, ein Städtchen im Norden Burmas. Danach schlendere ich am Ufer entlang und beobachte das Flussleben. Viele Menschen leben hier: In Hütten, auf der Straße, unter notdürftigen Planen. Obwohl es früh ist, ist mächtig was los. Schiffe legen ab, Straßenhändler preisen lauthals ihre Waren an. Der Essensstand, an dem ich meine morgendliche Nudelsuppe schlürfe, ist überfüllt.

Auf der Suche nach einer Bank kurve ich in die Sechsundzwanzigste Straße, ich muss Geld tanken. Zum ersten Mal auf dieser Reise will ich Euro in Kyat umtauschen. Man glaubt es nicht, aber auch das kann zu einem Abenteuer ausarten. Burmesische Geldinstitute wechseln keine gebrauchten Banknoten, die Scheine müssen gebügelt und faltenfrei sein. Auf einer Steinbank angle ich ein paar mitgebrachte Lappen aus einem Kuvert, streiche sie zurecht, lege sie vorsichtig in ihre Hülle zurück und, um sie zusätzlich noch zu plätten, beschwere ich sie mit meinem Gewicht: Ich setze mich auf das Kuvert und schaukle, wie eine lebende Tintenwiege, langsam hin und her.

Damit errege ich offensichtlich die Aufmerksamkeit eines langen Kerls, der vor dem Geldinstitut postiert ist.

Er hat mich wohl schon die ganze Zeit über beobachtet. Ich lächle ihm entschuldigend zu. Er hebt den Kopf, als wollte er sagen: »Ich sehe alles, mein Junge!« und kommt langsam auf mich zu. Ich erhebe mich, er streckt mir die Hand entgegen. Ich will einen Witz machen, indem ich ihm unbefangen die Hand schüttle, merke aber, dass sich seine andere Hand in Richtung Hosenbund bewegt und entschließe mich, ihm vorsichtshalber das Geldkuvert zu überreichen. Er zieht die Augenbrauen hoch. Wie das in solchen Situationen so ist, fühle ich mich ertappt. Ich weiß eigentlich nicht weshalb, ich habe mir nichts anderes zuschulden kommen lassen, als mich auf mein Geld zu setzen, und das wird doch wohl noch erlaubt sein. »Your passport!« Travellers haben den Pass stets mit sich zu führen, die Lektion habe ich schon gelernt. Bedächtig blättert er darin herum und studiert vor allem die Seite mit dem Visum. Mit der anderen Hand hält er das Sakkorevers etwas hoch und flüstert etwas.

»The other hand, Sir!« Jetzt bin ich dran. In meiner Linken halte ich das Kuvert mit dem Geld. Was mache ich?

»What's inside?«

Ich sage: »Money.«

»Come in, please!«

Er hält mir die Tür auf, ich betrete das Innere eines tiefgefrorenen Büros und werde in den ersten Stock gebeten. Meine Hand umklammert nach wie vor das Geldkuvert. Der Mann eskortiert mich zu einem Schreibtisch, hinter dem ein junger Typ sitzt, der mich bereits erwartet. »Yes, please?« Ich spüre einen leichten Druck auf dem Rücken und setze mich.

»You want to change some money, Sir?« Ich nicke. »Your passport?« Wo ist der jetzt wieder? Ich könnte schwören, ich habe ihn heute Früh eingesteckt. Schweißgebadet krame ich in meinen Hosentaschen herum. Er ist verschwunden.

»Is this yours?« Der junge Mann hält meinen Pass in seiner Hand. Bevor ich noch reagieren kann, reicht er ihn einer Kollegin weiter, die bereits zu einer Maschine unterwegs ist und ihn auf den Scanner legt. Ich bin so verwirrt, dass ich völlig vergaß, ihn dem strengen Herrn vorhin bereits ausgehändigt zu haben. Ich lächle entschuldigend, der junge Mann betrachtet mich ungerührt. Trotz aller Freiheiten: Touristen werden immer und überall und ohne Vorankündigung registriert, besonders in oder vor »offiziellen« Gebäuden.

Der Typ hinter dem Schreibtisch angelt meine Scheine aus dem Kuvert und prüft sie, indem er seine Finger zärtlich über sie gleiten lässt. Er fahndet nach Rillen oder Falten. Sie sind makellos. Verschwörerisch zwinkert er mir zu. »You have to be careful, Sir. We saw you in front of the house. Some tourists take place on their money. The locals know this … Here is your passport!« Er reicht ihn mir zurück. Ich erhebe mich und will gehen. »This is for you!« Er hält mir einen Packen nagelneuer Scheine entgegen. Das Wichtigste hätte ich beinahe vergessen. Ich nehme sie, meine Hand ist inzwischen eisgekühlt.

Ich gehe die breite Straße, eine der Hauptachsen Mandalays, die die Stadt von Westen nach Osten quert, in Richtung Stadtzentrum, ich will zum Zeigyo Market. Dabei achte ich darauf, »offizielle« Gebäude großräumig zu umgehen. An den Buden herrscht um diese Zeit Hochbetrieb. Wenn ich etwas liebe, dann sind es südostasiatische Märkte. Wie der einstmals von Vergil geleitete Dante Alighieri betrete ich die große, zentrale Halle, überwinde das Inferno (die Fleischstände), das neunfach unterteilte Purgatorio (Gemüse, Obst, Fisch), bis ich mich schließlich im Paradies wiederfinde: In einer der zahllosen Garküchen esse ich eine nervenberuhigende Portion Shan-Nudeln mit Garnelen*, garniert mit reichlich Zitronengras.

Mit dem Motorrad fahre ich anschließend zum Glaspalast, meinem heutigen Vormittagsziel. Am Ost-Tor werde ich erneut gefilzt. Wieder verlangt die Torwache meine Dokumente, mehr noch: Mein Pass wird für die Dauer des Besuches einbehalten. Der Königspalast liegt in einem weitläufigen Gelände, in dem auch eine Militäranlage untergebracht ist. Vielleicht ist das der Grund für die Schikane. Im Gegenzug bekomme ich einen Ausweis umgehängt, damit unterwerfe ich mich den Besucherbestimmungen: Ich unterschreibe, weder die markierten Straßen zu verlassen noch mit dem Militär Kontakt aufzunehmen. Letzteres sollte kein Problem darstellen. Auch das Fotografieren ist mir untersagt. Zuwiderhandeln kostet einiges, die Freiheit nämlich. Hierzulande hält man sich besser an die Gesetze, die Strafen können drakonisch ausfallen.

Neben der Kaserne befindet sich das Zentralgefängnis von Mandalay, errichtet auf einem ehemaligen Friedhof.

---

* Rezept siehe Seite 202/203

Praktisch. Ich bekomme immer weniger Lust, die Straßen zu verlassen. Auf einem Exerzierplatz übt eine Musikkapelle im Stechschritt eine wilde Choreografie. In der Mittagshitze werden die armen Kerle gedrillt. Zusehen ist ausgesprochen erlaubt. Der Kommandeur winkt sogar einmal zu mir herüber. Ich wage nicht zurückzuwinken, davon steht nichts in meinem Besucherausweis.

Der Glaspalast liegt in der Mitte einer großen, von einem Festungsgraben umgebenen Anlage. Mandalay ist eine von vielen Königsstädten des Landes. Jeder Herrscher kam durch blutige Intrigen zu Amt und Würden, und sie alle wollten ihre mit kriminellen Mitteln erkämpfte Macht nach außen hin durch ein prächtiges Zeichen sichtbar machen: König Mindon übersiedelte von Amarapura mit seinem gesamten Hofstaat in den von ihm erbauten Palast. Mehr als einhunderttausend Menschen hatten sich dem Königsbefehl zu beugen und folgten dem Herrscher in sein neues Zuhause.

Thibaw, sein Nachfolger, ebenfalls nach blutiger Übernahme gekrönt, war der letzte König Burmas. Sieben Jahre nach seiner Thronbesteigung, am 29. November 1885, kapitulierte er vor den Engländern und verließ mitsamt Familie und Hofstaat auf Ochsenkarren bei Nacht und Nebel den Palast. Ziel der Karawane war das Ufer des Irrawaddy, wo ein Schiff bestiegen wurde, das die königliche Reisegesellschaft ins indische Exil brachte. Dies ist die Einstiegsszene des Romans *Der Glaspalast*: »Überall waren Menschen eifrig an der Arbeit, Männer und Frauen, bewaffnet mit Beilen, und taten dies: Sie zerhackten mit Juwelen besetzte Kästchen, brachen Edelsteine aus dem verzierten Marmorboden, kratzten mit Hilfe eines Angelhakens Elfenbeinintarsien aus Truhen …«

Das Ende der Jahrtausende währenden Herrschaft burmesischer Könige war ruhmlos: Die Briten machten den Palast zu ihrem Hauptquartier. Nach der Machtübernahme der Japaner besetzten diese das Areal. Im Jahre 1945 kam es zur entscheidenden Schlacht. Engländer und Inder verschanzten sich am Mandalay Hill, beschossen das japanische Hauptquartier und legten es in Schutt und Asche. Der Palast brannte bis auf die Grundmauern nieder. Was heute zu besichtigen ist, ist eine Rekonstruktion, die von den Bürgern Mandalays errichtet wurde. Auch der riesige Festungsgraben rund um das Areal wurde mit »freiwilliger« Hilfe wiederhergestellt. Gemeinsam mit Strafgefangenen hatte hier jeder Einwohner seine Pflicht abzudienen. Auch so können Steuern eingehoben werden: Zwangsverpflichtung, Marke Burma.

Ich besteige den fünfundfünfzig Meter hohen Wachtturm, der Thibaws Fenster zur Außenwelt darstellte (aus Furcht vor Intrigen vermied es der Herrscher, seinen Palast zu verlassen), und blicke über die ehemals königliche Stadt. »Wien grüßt Wien!« tönt es plötzlich hinter mir. Ich erstarre. Thibaws Fluch trifft mich unvorbereitet. Eine Reisegruppe aus der Heimat hat mich entdeckt. Schallendes Gelächter, großes Hallo! Meine Landsleute nötigen mir eine improvisierte Pressekonferenz ab: »Was ich hier treibe, wie schade, dass ich nicht mehr im Volkstheater bin, was ich zu dessen ›Entwicklung‹ sage, wie lange ich schon unterwegs bin?« »Zwei Wochen«, sage ich, und »dies« und »das« und »ja« und »leider« und beantworte brav alle Fragen und dann, dann stürze ich die vielen Stufen hinunter wie weiland der fliehende Thibaw, tauche flugs in einem kleinen Café unter, mische mich unter Einheimische und bestelle ein Bier, ganz so, als gehörte ich zu diesem Land wie das Wasser zur Suppe, wie die Nudel zum Shan. Zwei Wochen! Lange ist das nicht und doch fühle ich mich hier schon ein wenig heimisch. Besonders angesichts des Pauschal-Überfalls lieber Landsleute.

Nachmittag. Htoo Aye ist mehr als pünktlich. Geduldig hockt er auf der Armlehne der riesigen Couch vor der Rezeption wie eine Bruthenne auf ihrem Sprießel und erwartet mich. Wir begrüßen einander wie alte Freunde. Getreu dem Motto »Always the best serve for you« will er, was schon, mein Bestes.

Unterwegs nach Amarapura halten wir beim Shwe-In-Bin Monastery. Htoo findet, ich müsste es unbedingt sehen und recht hat er: Das Kloster ist eine Oase der Ruhe. Die wunderschöne, mit Schnitzereien verzierte Teakholz-Halle wird von einfachen Teakholz-Häusern, in denen Teakholz-Mönche hausen, umgeben. Gerne würde ich mich unter einen der riesigen Teakbäume legen und mich von Buddha inspirieren lassen, aber mein Freund hupt bereits ungeduldig.

Weiter geht es, vorbei an unzähligen Steinmetzen und Devotionalienhändlern, bis endlich die große Brücke in Sicht kommt: Amarapura ist für vieles berühmt, aber die U-Bein-Brücke stellt alles in den Schatten. Es ist die längste Teakholz-Brücke der Welt. Sie überspannt den

Taungthaman-See. Entengeschwader schwimmen in Formation, bunte Fischerboote dümpeln am Ufer. Dicht an
dicht marschieren Hundertschaften von Besuchern in
Richtung gegenüberliegendes Ufer. Ebenso viele kommen
mir entgegen. Ich unternehme die gleiche Wanderung,
hin und wieder zurück. Angeblich bringt das Glück.

Gegen die Sonne besehen gleichen die über die Brücke
ziehenden Menschenmassen einem einzigen großen
Schattenriss. Zu Mindons Zeiten waren die Holzpfähle
vergoldet. Heute ist davon nichts mehr zu sehen. Im
Gegenteil. Die Brücke wirkt baufällig. Es grenzt an ein
Wunder, dass das filigrane Konstrukt die Besuchermas-
sen überhaupt noch erträgt.

Über den See zu spazieren, ist ein einzigartiges Erlebnis. Htoo hat erneut recht gehabt. Auch hier erlebe ich
das immer gleiche und doch täglich neue Wunder des
Sonnenuntergangs. Wie schön das doch alles ist. Darauf
trinke ich ein Glas, in einem der Restaurants, die am
Seeufer stehen, die Füße im Sand, den Kopf in den Wolken, und dann hebe ich noch eines auf das Leben und
noch zwei auf die Liebe und ein paar weitere auf mich –
und blicke hinaus auf das Wasser und hinüber zu den
Hütten, die zum malerischen Dorf Taungthaman gehören. Zwischen den Palmen, die am Ufer stehen, sehe ich
das Funkeln der von den letzten Sonnenstrahlen geküss-
ten goldenen Stupa der Kyauktawgyi-Pagode und ich
danke, wem immer, vorzugsweise meinem Schicksal, dass
ich dies alles erleben darf, und dann, dann verschwimmt
die Welt langsam vor meinen Augen und taucht unter im
Taungthaman-See … denn an all dem kann ich mich

kaum sattsehen, noch weniger -trinken, und bevor ich
selbst zu versinken drohe, nehme ich meinen Freund
Htoo Aye wahr, der getreu seinem Motto »Always the
best serve for you« hupend zur Abfahrt mahnt und mich
unmittelbar darauf an der Hand nimmt. Aber da man
sein Glück nicht nur mit einer Hand, sondern gleich mit
beiden ergreifen soll, gebe ich noch einen Letzten aus, auf
unser gemeinsames Wohl, und dann, aber dann endgültig, überlasse ich mich einem wohltuenden Glücks-
schmerz und kippe in den schönsten Blues ever, vor allem
aber in Htoos Wagen und dann – nein, von der Rückfahrt
weiß ich nichts mehr zu berichten. Das Einzige, dessen
ich sicher bin: Mr. Htoo Aye, mein Freund, hat sein Bestes
gegeben – für mich.

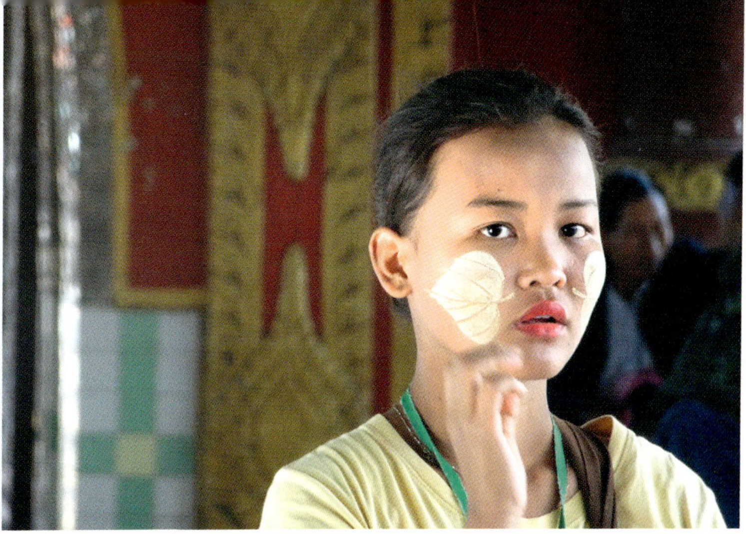

Die Thanaka-Paste ist ein dekorativer Sonnen-schutz.

In der Kuthodaw-Pagode ist die Lehre Buddhas in Stein gemeißelt.

Am Abend erstrahlt Mandalay in
ungeahnter Pracht.

Verkaufsstand
am Zeigyo Market

Der Königspalast ist ein Fake: 1945 abgebrannt, wurde er in den 1990er-Jahren von Zwangsarbeitern wiederaufgebaut.

Im Zentrum des Universums: König Thiba mit seiner Frau und Halbschwester Supayalat

An der Straße nach Amarapura
stehen die Devotionalienhändler in
Reih' und Glied.

Die U-Bein-Brücke ist die längste Teakholz-Brücke der Welt.

Landwirtschaft wie vor Tausenden Jahren:
In Burma hält die Zeit den Atem an.

Angeblich bringt das Überqueren
des Taungthaman-Sees Glück.

Mönche haben immer Vorfahrt:
Morgenszene in Mandalay

»Sarah Lu hat mir ihr Land näher
gebracht, als sie vermutlich ahnt …«

Die Erstbesteigung
des Namok-Wasser-
falls

Schrein des
Schutzheiligen
von Hsipaw

In der Mahamyatmuni-Pagode von
Hsipaw hoffen viele Menschen auf das
Wunder, wieder sehen zu können.

Shan-Palast von
Sao Kya Seng und
seiner Frau Inge
Eberhard, *Maha-
devi of Hsipaw*

Bubenmönche
füllen ihre
Almosenschalen
mit Essen auf.

Auf der Burma
Road geht es bis zur
chinesischen Grenze.

Morning Market
in Hsipaw

Upper class im Zug
nach Pyin U Lwin

*Knockin' on heaven's
door:* Das Gokteik-
Viadukt ist nur etwas
für Mutige.

Zu Hause
bei Manmar
und meiner
neuen Familie:
das *Royal Flower*

Linienbus in Pyin
U Lwin

Karfiol-Frau am Markt in der
Nähe des Clock-Towers

Die Jugend Burmas sieht einer
hoffnungsvollen Zukunft entgegen.

National Kandawgyi Gardens:
Der Botanische Garten von Pyin U
Lwin wurde mit Blut bezahlt.

Wasserbüffel nahe des
Golfplatzes am südlichen
See von Pyin U Lwin

Der Gem-Market
in Mandalay

Eine grün-weiße Kostbarkeit
zum Abschied: die Jade-Pagode
bei Mandalay

Ein Schwein für die Braut
Mandalay – Hsipaw, 19. Jänner

Ich sitze neben Sarah Lu und ihrer Schwester Kim, in einem Share-Taxi auf dem Weg nach Hsipaw. Die beiden sind unterwegs nach Lhasio, nahe der Grenze zu China, wo sie mit ihrer Familie Neujahr feiern wollen. Sarah und Kim sind Chinesinnen. In Mandalay arbeiten sie im Gem-Market, in der Abteilung für Jadesteine. Die Schwestern sind zuständig für das Schleifen und Polieren des Rohmaterials, das später zu Schmuck verarbeitet wird.

Ich komme mit Sarah ins Gespräch. Wie sie das Leben in Burma wahrnimmt? »Es ist heiß«, sagt sie. »Verstehe.« Ich bin mir nicht sicher, wie sie das meint.

»Dort, wo ich arbeite, ist es furchtbar heiß. Und immerzu spucken die Männer aus und ihre Münder sind feuerrot.« Betelkauen gehört hier zur Alltagskultur, denke ich und mit »heiß« meint sie wahrscheinlich die Temperatur im Market, die Arbeit scheint anstrengend zu sein. Eigentlich wollte ich ihre Meinung zum politischen Klima des Landes hören. »What do you think about the Govern-nement of Burma?«

»It's different«, sagt sie. »Die Straßen sind schlecht, die Regierung ändert andauernd ihre Meinung und die Gesetze … Heute so, morgen so.« Eine gute Antwort, sie beschreibt, wie das hier offensichtlich so abläuft. Sie sagt: »Das Land hinkt weit hinter den Nachbarländern her. Wir sind noch nicht lange frei. Die Straßen in China sind besser.«

»Sicher nicht überall«, sage ich.

»Nein. Aber in Peking.« Der Punkt geht wieder an sie. Ob sie nicht zufrieden ist mit der Demokratie?

»Doch«, sagt sie, »aber den Menschen geht es trotzdem schlecht. Gut ist, dass die Fremden kommen. Schlecht ist, dass sie wieder wegfahren.«

Ich habe Sarah unterschätzt. Sie lacht. Draußen fliegt die Landschaft vorüber. Der Fahrer gibt ordentlich Gas. Die Straße ist eine einzige Baustelle. Eine zweite, breitere Trasse wird gebaut. Offensichtlich seit Langem. Während wir uns die nördlichen Shan-Berge aufwärts quälen, höre ich am iPod ein paar Seemannslieder. Viele Trucks sind heute auf der Straße, die ganz großen Brummer. Wahrscheinlich sind sie unterwegs nach China. Während sie die spitzen Kurven weiträumig umfahren, schneidet unser Fahrer ihnen den Radius ab und überholt vorrangig in den engen Kehren – dabei ist ihm egal, ob links oder rechts. Mal nimmt er den weiten Weg und der Abgrund kommt gefährlich nahe, mal schrammt er innen vorbei und nützt geschickt die Unbeweglichkeit der XXL-Monster aus. Um den Gegenverkehr kümmert er sich nicht so sehr.

»Und es ist schmutzig hier!« Sarah schaut gedankenverloren aus dem Fenster. »In ganz Südostasien ist es nicht sauber«, sage ich.

»Aber hier ist es besonders schmutzig!« Sie war zwar noch nie außerhalb Burmas, aber diesbezüglich ist sie unnachgiebig. »In einem Punkt sind wir gut«, sagt sie unvermittelt und blickt mich an, »die Menschen lächeln. Und wenn du Hilfe brauchst, sie helfen dir.« Bingo. Ich habe nirgendwo auf der Welt so viele lächelnde Menschen gesehen. Vielleicht ist es Unbeschwertheit, vielleicht Höflichkeit (vermeintlich) Höhergestellten gegenüber. Ich will Ersteres glauben.

In Kyaukme machen wir Rast. Lunchtime, erklärt der Fahrer. Er hält bei einem der einfachen Straßenrestaurants, die zu beiden Seiten der Straße stehen und mit Sarahs Hilfe bestelle ich einige Schälchen mit Gemüse, eine Shan-Mahlzeit eben. Nirgendwo habe ich je besser gegessen. Hinter der Küche befindet sich eine eigenartige Maschine. Durch ein großes Schwungrad wird ein hölzerner Pflock angetrieben, der beständig in ein rundes Behältnis hämmert, um eine klebrige Masse zu einem Klumpen zu formen. Eine Zeitlang betrachte ich fasziniert das Schauspiel, weil die Frau, die die Maschine bedient, den rötlichen Batzen, um ihn von allen Seiten durchwalken zu lassen, mit reichlich seltsamen Bewegungen immer wieder in Form bringt. Sarah steht neben mir. Nun beginnt die Alte den Brei mit der Hand zu kneten. Sarah spricht mit ihr, daraufhin nimmt die Frau ein Bananenblatt, legt etwas von der rosafarbenen Masse darauf und bestreut sie mit dunklem Pulver. »Du musst probieren«, sagt Sarah, »sie will es so. Eine Spezialität. Es heißt *Sticky Rice*. Das Dunkle ist Sesam.« Der Teig zieht sich wie geschmolzener Radiergummi und schmeckt nach Banane, vor allem aber ist er sehr süß. Da ich ihn lobe, bekomme ich gleich noch eine Extraportion nachgeklatscht, für die Fahrt. Als ich bezahlen möchte, erfahre ich, dass Sarah die Rechnung schon längst beglichen hat.

Die Reise geht weiter, vorbei an großen, eigenartigen Gebäuden. In der Gegend stehen eine Menge Militärstützpunkte und Steinbrüche mit angrenzenden Gefängnissen. Seit 1978 kamen hier mehr als fünftausend Häftlinge zu Tode. In letzter Zeit gab es Versuche, die Zwangsarbeit abzuschaffen, leider erfolglos. Unvermittelt werde ich mit der düsteren Seite des Landes konfrontiert.

Wir jagen weiter, in Richtung Hsipaw. Gut so, ich möchte die Gegend so schnell wie möglich hinter mir lassen. Um mich abzulenken, frage ich Sarah um das ihrer Meinung nach wichtigste Wort, das ich auf Burmesisch zu lernen hätte – »Mingalabar« (Guten Tag) und »Kyej-zu-bae« (Danke) beherrsche ich schon. Sie überlegt nicht lange: »Hkwin-klu'pa. It means: Sorry!« Ich versuche das Wort zu wiederholen, spreche es aber falsch aus. Sie bekommt einen Lachanfall: »Hkwin-byut'pa means: Let me go!« Ich traue meinen Ohren nicht. In Burma liegen zwischen »Vergib mir« und »Lass mich gehen« nicht mehr als drei Buchstaben.

Die Straßen werden besser, wir nähern uns dem Ziel. Vorne neben dem Fahrer sitzt ein alter Mann, der schon die ganze Zeit über aufgeregt telefoniert. Ich frage Sarah, worum es in dem Gespräch geht. Sie sagt: »Er verhandelt den Brautpreis seiner Nichte. In Burma ist es üblich, dass die Braut ihren Eltern abgekauft wird.« Ich frage, was man da so ungefähr ablegen muss. Sie sagt: »Der handelsübliche Preis liegt bei eineinhalb Millionen Kyat (knapp über eintausend Euro), plus Goldschmuck, sowie ein Schwein!« Und genau in dem letzten Punkt scheint sich die lautstark geführte Verhandlung zu spießen. Der

Wagen hält vor dem *Tai House Resort*, einem Bungalow-Hotel inmitten eines tropischen Gartens. Ich verabschiede mich von Sarah Lu und ihrer Schwester. Dem alten Mann neben dem Fahrer nicke ich zu. Er hat sein Gespräch beendet und strahlt mich an. Ich vermute, es werden zumindest zwei Schweine ihren Besitzer wechseln. Sarah hat mir ihr Land näher gebracht, als sie vermutlich ahnt.

Später besichtige ich den Fußballplatz von Hsipaw. Kleine Mädchen in bunten Uniformen führen vor einer Abordnung von Parteifunktionären die asiatische Variante eines Cheerleader Dance vor, dann beginnt (wohl mir zu Ehren?) das Match. Was kann man von einem Tag mehr verlangen? Ich bin im Shan-Land im Norden Burmas angekommen, dort, wo Mitte des vorigen Jahrhunderts ein Kärntner Mädl namens Inge Eberhard lebte und als Frau des letzten Shan-Prinzen zur *Sao Thusandi Saopha and Mahadevi of Hsipaw* gekrönt wurde. Wie viele Schweine musste der Prinz für sie wohl nach Kärnten überweisen?

Vom Wunder, wieder sehen zu können
Hsipaw, 20. Jänner

»Alle drei Monate organisieren die Mönche der Mahamyatmuni-Pagode, dass ein Augenarzt aus Mandalay den weiten Weg hierherkommt. Im hinteren Teil des Klosters gibt es einen Behandlungsraum. Viele Menschen hoffen auf das Wunder, wieder sehen zu können.«

»Wie soll das funktionieren?«, frage ich.

»Am besten mit einer Brille«, sagt der Manager des *Tai House Resort* und lacht. Ich möchte den Wunderheiler sehen und mache mich auf den Weg. Tatsächlich ist rund um die große Buddha-Statue in der Mahamyatmuni ein Massenlager aufgeschlagen. Viele Pilger warten auf eine Behandlung, vor der Registratur steht eine riesige Menschenmenge. Ich taste nach meiner Brille, man weiß ja nie. Der Augenexperte aus der Hauptstadt lässt sich nicht blicken, wahrscheinlich hat er alle Hände voll zu tun. Wunder geschehen selten von alleine. Ich umrunde dreimal die Statue, ich will das Meinige zur Heilung der Schwachsichtigen beitragen, dann schwinge ich mich auf mein Mountainbike und fahre eine staubige Straße entlang in Richtung Friedhof, der am Weg zum Namok-Wasserfall liegt. Dort will ich heute hin: ein kleiner Ausflug ins Hinterland.

Am Friedhof sind Ethnien verschiedenster Glaubensrichtungen vereint: Daoisten, Konfuzianisten, Buddhisten und Moslems. Hinter einer Müllkippe fällt der Weg steil ab zu einem Bachbett. Ich befestige mein Rad an einer Bananenstaude, ab hier wird gewandert. Es ist furchtbar heiß. Ich ziehe meinen Pullover aus. Ein Wasserbüffel liegt träge in der Sonne und beobachtet mich. Er blinzelt mich geringschätzig an, als wollte er sagen: »You are not alone …« Dabei zuckt er unablässig mit den Ohren. Ich umrunde das riesige Tier, vorsichtig, um ihm nicht zu nahe zu kommen, man weiß ja nie. Das Bachbett wird breiter, der Weg führt über kleine, wackelige Brücken, manchmal liegen auch nur Baumstämme da, über die man balancieren muss. Ich komme an Feldern vorbei, an kleinen Gehöften.

Auf meiner Reise durch Burma treffe ich, wohin ich auch komme, immer dieselben Menschen. Hat man anfangs noch aneinander vorbeigesehen, entwickelt sich mit der Zeit eine Art Community. Touristen, denen ich vor vierzehn Tagen in der Shwedagon in Rangun begegnet bin, sehe ich in einem Reisfeld in Hsipaw wieder. Diesmal begrüßen wir einander wie alte Bekannte, wir sind ja inzwischen auch gemeinsam auf der Shwesandaw in Bagan gehockt, um den Sonnenuntergang zu bewundern, und in Mandalay in der Mahamuni haben wir Goldblättchen auf die Fäustlinge Buddhas geklebt – wenn das nicht zusammenschweißt. »Ist es noch weit bis zum Wasserfall?«

»No problem, man! You go straight away … And then up. You will find it!«

Der Weg wird mühsamer und mündet letztlich an einer Steilwand. Ich sehe alles, nur keinen Wasserfall. Ist es möglich, dass ich ihn als Einziger nicht finde? Ich umrunde die Wand und, was bleibt mir anderes übrig, klettere über schroffe Felsen aufwärts. Da ich keine Sportschuhe anhabe, rutsche ich immer wieder ab. Auf allen vieren taste ich mich hoch. »And then up!« Der Typ ist da sicher auch hinaufgeklettert. Eigentlich sah er unsportlicher aus als ich, ein paar Kilos mehr hatte er auch auf den Rippen. Aber er war verblüffend entspannt. Erstaunlich.

Weiter. Die blöden Schuhe. Ich ziehe mich hoch. Bis zu diesem überhängenden Felsen noch, dahinter muss es weitergehen. Geht es aber nicht. Ich blicke hinter mich. Ziemlich weit bin ich schon hinaufgeklettert. Wenn ich nur meine Sportschuhe … Ein paar Klimmzüge noch. Ich Weichei, sehe als Einziger den verblödeten Wasserfall nicht. Hätte mich auch gewundert. Weiter. Nein. Ich stoße hier echt an meine Grenze, ich stehe an. Ende Gelände. Für mich ist hier Feierabend. Ich schaffe keinen Meter mehr. Ich hocke mitten in der Steilwand und kralle mich an einen Felsvorsprung. Ab hier kommen Halbschuhtouristen nicht weiter.

Hat mich der Kerl vorhin verarscht? Ich hätte nicht gedacht, dass ich so gründlich versage. Rechts fällt der Felsen senkrecht ab. Ich darf nicht ins Rutschen kommen, ich könnte mich nicht halten. Ist es wirklich möglich, dass der Dicke …? Er trug Sandalen …

Rückzug. Der Abstieg ist mindestens so mühsam. Ich setze mich auf den Hosenboden und gleite Zentimeter um Zentimeter den Stein hinunter. Nach rechts darf ich nicht schauen. Ich bin schwindelfrei, aber im alpinen Gelände völlig ungeübt. Dies hier ist Überlebenstraining pur. Mein Herz klopft wild, ich keuche vor Anstrengung und Konzentration. Und: Ich könnte heulen, dass ich diesen vermaledeiten Wasserfall …

Auf beiden Seiten geht's steil abwärts. Ich bin sicher fünfzig Meter hochgeklettert. Rechts unter mir ist eine Felsspalte. Wo die jetzt plötzlich herkommt – am Weg hinauf habe ich sie gar nicht bemerkt. Wäre ich da unten, kein Mensch würde mich hören. Ich taste mich vorwärts, in Zeitlupe, wie ein Embryo, der ins Freie will. Nach einer gefühlten Ewigkeit bin ich zurück an der Stelle, von der aus ich in die Wand eingestiegen bin. Ich bin schweißübersströmt und völlig zerschunden. Weit und breit ist kein Wasserfall zu sehen. Ich blicke hoch, vor mir ragen die Felsen senkrecht auf. Ich war verrückt, dass ich da hinauf wollte.

Am Fuße der Steilwand befindet sich ein ausgewaschenes Naturbecken, an dessen Rändern sich dunkle Rillen abzeichnen. Der Boden der Vertiefung ist mit ein wenig Wasser gefüllt. Ich möchte mich erfrischen und beuge mich über die Pfütze. Was ich sehe, ist ein erschöpftes Gesicht. Undeutlich, denn viel Wasser ist da nicht drin. Oh, mein Gott. Das darf doch nicht … Okay, ich begreife. Spät, aber doch. Alles klar. Ich bin echt der Kipfler des Jahrhunderts. Ich konnte den Wasserfall nicht finden, beim besten Willen nicht. In dem Becken ist alles, was von ihm übrig ist. Mehr gibt's nicht – es ist Trockenzeit. Ich bin in die Falle getappt. Schönen Dank an den übergewichtigen Herrn Kollegen. Deshalb hat er so entspannt gelacht. Und ich dachte, er ist einfach nur freundlich. Ab nun ist »Grüßen« wieder gestrichen.

Ich angle nach dem *Lonely Planet,* um nachzulesen, wie lange die Trockenzeit im Schnitt … Der Schock: Die Buchstaben vor meinen Augen verschwimmen. Ich sehe nichts. Der Aufstieg hat mich erblinden lassen. Das auch noch. Nein, oder? Ich bin völlig verwirrt. Meine Brille! Jesus, meine Brille ist verschwunden. Das erwischt mich hier alles am falschen Fuß. Der nächste Optiker ist wahrscheinlich eine halbe Tagesreise entfernt. Sag, dass das nicht wahr ist … Ich taste den Weg hinunter, zu der Stelle, an der ich mein Rad stehen ließ. Manchmal geht es echt bergab. »Das Leben ist wie eine Lawine: Einmal rauf und einmal runter.« Wer hat das gesagt? Ich glaube, der Münchner. Valentin mit »V«. Nestroy mit »N« ist mir näher: »Das Malheur ist eine liederliche Mamsell, aber die Einzige, die einen nie verlässt.«

Das Zitat habe ich gerade erfunden, aber es könnte von ihm sein. Vor lauter Schrecken sehe ich jetzt plötzlich auch in der Ferne nichts mehr. »Viele Menschen hoffen auf das Wunder, wieder sehen zu können …« Ist der Satz heute nicht schon gefallen? Heute Früh? Der Hotelmanager hat die Prophezeiung gemacht, lachend. Ein paar Stunden später erfüllt sie sich. Ich bin es, der auf ein Wunder hofft: Auf das Wunder, wieder sehen zu können. Viel mehr bleibt mir gerade nicht übrig.

Das Rad ist noch an derselben Stelle. Genau hier habe ich meinen Pullover ausgezogen. Ich vollziehe die Bewegung nach und achte darauf, dass mich dabei niemand beobachtet. Der Wasserbüffel, der immer noch in seiner Kuhle liegt, blinzelt mich träge an. Ich falle auf die Knie, bitte den großen Vorsitzenden um Hilfe und taste, die

Nase am Boden, das Terrain ab. Zentimeter um Zentimeter – bis mich ein lauwarm-fauliger Luftzug streift. Ein großes Paar Nüstern taucht unmittelbar vor mir auf. Verwundert glotzt mich das Vieh an, eines seiner Ohren zittert. Ich glotze zurück und – atme ebenfalls. Seine Nüstern weiten sich, er schnuppert meinen Geruch. Ich halte still. Vielleicht werden wir jetzt zu einem einzigen Wesen, wir zwei. Will Buddha es so? Der Zufall stellt die Verbindung her, die Natur vereinigt sich. Hier am Fuße des nicht vorhandenen Wasserfalls verliere ich meine Identität und mutiere zu einem Etwas, das sich auf der bläulich schimmernden Zunge des riesigen, wiederkäuenden Tieres in der Ewigkeit der Zeit verliert.

Das Welträtsel ist gelöst, der Büffel wendet sich von mir ab. Ich folge seinem Blick. Hinten, in der Nähe des Schwanzes, glitzert etwas. Ich erahne es mehr als dass ich es sehe. Vorsichtig schiebe ich mich an dem schlammigen Körper vorbei und tappe danach: Der Stahlbügel meines Sehbehelfes! Buddha meint es gut mit seinem Jünger. Ich habe meine Brille mit dem Schwung des Pullover-Ausziehens wohl bis hierher geschleudert. Manchmal braucht es nicht viel. Es muss nur ein kleines Wunder her, zum richtigen Zeitpunkt. Wir Europäer sind geneigt, es Zufall zu nennen.

Zu Mittag esse ich in *Mrs. Popcorn's Garden*, einem kleinen, feinen Lokal, das Mrs. Kim Min Te, eine pensionierte Volksschullehrerin, in ihrem Garten eingerichtet hat. Ich bestelle Hühnercurry mit Sesam und Teeblätter-Salat und bekomme den Tisch vollgestellt mit vielen kleinen Schälchen. Das Essen ist mehr als gut. Wunder machen hungrig: Darauf stoße ich mit Bananen-Ananas-Shake an.

Am Nachmittag besuche ich den Palast des letzten Shan-Fürsten Sao Kya Seng. Dieses Haus ist der eigentliche Grund für meine Reise nach Hsipaw. Hier lebte die Kärntnerin Inge Eberhard, die in Denver, Colorado, ihren Kommilitonen, den Montanistik-Studenten Sao, heiratete. Ihre Hochzeitsreise führte sie in seine Heimat. Hier, an Ort und Stelle, hat ihr Leben vom Tag ihrer Ankunft an eine dramatische Veränderung erfahren. Ihr Mann war der letzte Shan-Prinz. Inge, als seine Ehefrau, wurde zur *Mahadevi of Hsipaw*. »Sweety, I have to tell you something …«, hat Sao seiner jungen Frau ins Ohr geflüstert, angesichts der Menschenmassen, die sie am Hafen von Rangun willkommen hießen. *Mahadevi* bedeutet so viel wie »Große Frau«.

Das Kärntner Mädl war über Nacht Prinzessin geworden und regierte acht Jahre lang an der Seite ihres Mannes über die größte und mächtigste Ethnie Burmas, das Volk der Shan. Kurz nach dem Militärputsch durch General Ne Win verschwand Sao für immer in den Folterkellern der neuen Machthaber. Seine Spur verlor sich im Gefängnis für politische Gefangene in Rangun. Ein Jahr später gelang Inge und ihren beiden kleinen Töchtern die Flucht nach Wien, wo sie im Schloss Laudon durch Zufall auf General Ne Win traf: Der Diktator ließ sich in einer Nervenklinik behandeln. Zu einem Gespräch kam es nicht, Ne Win wurde abgeschirmt. Jahr für Jahr schrieb die nunmehr ehemalige *Mahadevi* an die burmesische Regierung, um das Schicksal ihres Mannes zu erfahren. Bis heute blieben die Briefe unbeantwortet. Die Regierung hat sich nie zu seinem Tod bekannt, Sao gilt offiziell als verschollen. Inge ist später nach Amerika ausgewandert, hat wieder geheiratet und ihre unglaubliche Geschichte aufgeschrieben. In ihrem Buch *Dämmerung über Burma – Mein Leben als Shan-Prinzessin* schildert sie ihr abenteuerliches Leben.

Täglich zwischen fünfzehn und siebzehn Uhr führt Mrs. Farn, die Frau von Inges Neffen, durch das schöne Kolonialhaus, das früher einmal Palast war und heute wieder in Familienbesitz ist. Wenigstens das gab Burma ihrer Familie zurück: das Haus ihres Prinzen.

Knockin' on heaven's door
Hsipaw – Pyin U Lwin, 21. Jänner

Es ist bitterkalt, dennoch muss ich raus. Den Morning Market sollte man keinesfalls versäumen, er ist eine Attraktion. Hsipaw liegt im Norden des Landes, im Jänner kann es in der Nacht richtig kalt werden. Quer durch den Ort verläuft die Burma Road, der Highway von Mandalay bis weit hinauf zur chinesischen Grenze. Um diese Tageszeit bemerkt man die Fahrzeuge erst, wenn sie einen überrollen, so neblig ist es.

Der Markt liegt am Fluss. Über manchen Ständen hängen Kerosinlampen, andere liegen gänzlich im Dunkeln. Ab fünf Uhr früh ist hier mächtig was los. Die meisten Händler haben Feuer angezündet, an denen sie sich notdürftig wärmen. Viele Bauern kommen von weit her, um ihre Produkte zu verkaufen. Gemüse bringen sie mit, Blumen, Obst, Fleisch. An manchen Ständen wird heiße Suppe ausgeschenkt, an anderen gibt's zum Frühstück rosaroten Klebreis. Sogar Fische, frisch aus dem Fluss, liegen zappelnd auf den Holzbrettern. Der starke Nebel, der vom nahen Ufer heraufkriecht, legt sich über das Treiben und schraffiert es zu einer Kohlezeichnung: Mehr als diffuse Schemen sind nicht auszumachen. Die Menschen sind in dicke Schichten von Lumpen gehüllt, um nicht zu erfrieren.

Ich finde mich in der archaisch-futuristischen Welt des grandiosen Films *Blade Runner* von Ridley Scott wieder.

174

Mönche gehen barfuß durch die Straßen. Sie sammeln Geldscheine oder füllen ihre Almosenschalen mit Essbarem auf. Kleine Buben begleiten sie. Auch sie haben keine Schuhe an. Beim bloßen Anblick wird mir noch kälter.

Im Hotel wärme ich mich mit einer Suppe. Ich packe. Abreise. Ein Tuk-Tuk bringt mich zum Bahnhof, einer kleinen, niedrigen Hütte, an der die Gleise vorbeiführen. Drinnen sitzt ein Mann hinter einem Holztisch und verkauft Fahrkarten. Dem Tisch fehlt das vierte Bein, also ist er mit Steinen aufgebockt. Rund um den Tisch picken Hühner die Abrisse weggeworfener Tickets auf. Von der Decke hängt eine Glühbirne und taucht den Raum in fahles Licht.

Das Bild erinnert mich an das Hans-Kudlich-Bühnenbild meiner *Liliom*-Inszenierung am Volkstheater, als Liliom im Himmel vor dem Polizeikonzipisten steht und Rechenschaft über sein liederliches Leben ablegt. Heinz Petters war der Konzipist und Robert Palfrader Liliom. Der verehrte Petters, ein Komiker von Gnaden, war etwas textunsicher, deshalb fiel die Befragung Lilioms einseitig aus. Obwohl der Requisiteur Petters' Text vor jeder Vorstellung ins »Himmelsbuch«, das vor ihm auf dem Tisch lag, geklebt hatte, war es ihm nicht möglich, ihn abzulesen, da der Außerirdische täglich von Neuem seine Lesebrille in der Garderobe vergaß. Auch »Hängen« will gelernt sein. Also blieb dem armen Palfrader nichts anderes übrig, als sich mittels eines improvisierten »inneren« Dialoges selbst zu befragen und sich ergo selbst zu richten.

Der Zug nach Pyin U Lwin fährt pünktlich ein. Ich leiste mir ein Ticket für die *Upper Class* und bezahle für acht Stunden Bahnfahrt zweitausend Kyat. Touristen dürfen sich im Land überall frei bewegen, außer in den Sperrzonen. Abgeraten wurde zum Zeitpunkt meiner Reise von der Region des Rakhine-Staates, im Nordwesten Burmas an der Grenze zu Bangladesch. Ein Jahr später begeht das Regime um die Friedensnobelpreisträgerin Aung San Suu Kyi schwere Verbrechen an dem Volk der Rohingya. Ende 2017 erkennt die britische Universitätsstadt Oxford der Schatten-Regierungschefin die Ehrenbürgerschaft ab, die sie 1997 für ihren »langen Kampf um die Demokratie des Landes« erhalten hatte, und macht sie dadurch indirekt für Verfolgung und Ermordung von Hunderttausenden der muslimischen Minderheit angehörenden Rohingyas mitverantwortlich. Vom Frieden zum Krieg dauert es oft kürzer, als man denkt.

Die wichtigsten Städte Burmas sind an das Eisenbahnnetz angeschlossen. Am 1. Mai 1877 fuhr der erste Zug von Rangun nach Pyay, eine Stadt auf halber Strecke nach Mandalay. Seither sind gut fünftausend Bahnkilometer hinzugekommen. Zugfahren ist in Burma ein Vergnügen der anderen Art. Eilig darf man es nicht haben, unterwegs hält die Zeit den Atem an. Mit dem Erwerb der Fahrkarte begreift man die Langsamkeit. Meist bewegt sich der Zug im Schritttempo. Wird er schneller, schaukelt er wie ein Schiff in rauer See. Die Gleise sind schlecht gewartet, vermutlich gar nicht. Es grenzt an ein Wunder, dass diese Rostkisten überhaupt je irgendwo ankommen.

Als Abenteuer kann ich Bahnfahren in Südostasien nur empfehlen. Man lernt das Land nirgendwo besser kennen, als wenn man sich gemächlich durch die Landschaft schieben lässt. Die Bahntrasse führt so nahe an den Häusern vorbei, dass man den Menschen die Hand reichen könnte. Volksnaher geht's nicht. Die Strecke, auf der ich unterwegs bin, wird eingleisig geführt. In den Bahnhöfen wartet der Gegenzug. Die Spurbreite kann man mit der in Europa nicht vergleichen, das Ganze erinnert an die gute alte Märklin-Eisenbahn, die einstmals rund um den Christbaum führte.

Die Landschaft kriecht an mir vorbei, und das ist auch gut so. Es zieht gehörig. Jetzt, am Morgen, ist es dementsprechend kalt. Nur wenige Reisfelder sind bewirtschaftet, die meisten liegen aufgrund der Trockenzeit braun und abgeerntet da. Wasserbüffel und Zebu-Rinder glotzen dem vorbeiruckelnden Ungeheuer neugierig nach. Von der Ferne grüßt die graue Felswand eines ausgetrockneten Wasserfalls. Wenn es durch den Wald geht, peitschen die Äste in die Fenster herein – die Trassen wurden schon lange nicht ausgeholzt, wahrscheinlich seit der Jungfernfahrt nicht mehr.

Irgendwann schmiegen sich die Schienen dicht an den Berg an: Es wird finster. Der Zug fährt durch einen Felstunnel. Als es wieder hell wird, heißt es: Augen auf und durch, die Gleise führen jetzt über eine wahnwitzige Stahlkonstruktion. Auch sie ist nicht neu, genau genommen aus dem Jahre 1899. Die *Pennsylvania and Maryland Bridge Construction Company* bekam von den Briten den Auftrag, ein weltweit einzigartiges Bauwerk zu schaffen: Das Gokteik-Viadukt ist eine Eisenbahnbrücke von gewaltiger Höhe. Es überspannt eine Schlucht, ist einhundertelf Meter hoch und fast achthundert Meter lang.

Links und rechts der Schienen sind gerade mal zwanzig Zentimeter, die den Zug von der Ewigkeit trennen. Geländer ist nicht. Keine Achterbahn der Welt kann es mit diesem Kick aufnehmen. Die Passagiere springen auf, im Kampf um den besten Blickwinkel für ihre Fotos. Mutige lehnen sich aus dem Fenster oder hängen sich aus den Türen und schießen Selfies. Man hat das Gefühl, als würde der Zug zur Seite kippen, allein schon wegen der Gewichtsverlagerung der Fahrgäste. Wir fahren im Schritttempo. Auch das noch. Schneller ist nicht erlaubt. Ich will gar nicht wissen, warum. Angeblich wurde die Brücke seit ihrer Fertigstellung vor hundertsechzehn Jahren erst einmal gewartet. Die Reise entlang des Himmels dauert eine gefühlte Ewigkeit. Irgendwann ist das andere Ufer erreicht. Eigentlich schade, das Gefühl der Schwerelosigkeit war spektakulär.

In Pyin U Lwin ist meine Reise vorerst zu Ende. Ich könnte noch lange in diesem Zug sitzen. Ich würde mich davon ernähren, was »fliegende« Händler auf den Bahnsteigen anbieten, würde den Kindern, die den Vorbeifahrenden begeistert zuwinken, zurückwinken, würde die wunderbare Landschaft genießen und mit der Eisenbahn weit, weit hinauffahren, bis ganz nach oben, wo Wünsche zu Träume werden und sich niemals erfüllen. Den Gedanken finde ich schön. Ich setze den Kopfhörer auf und hau mir Bob Dylans Version von *Knockin' on heaven's door* rein. Das tut mir jetzt echt gut.

Der Park

Das *Royal Flower* ist eines jener Homestays, die sauber und günstig sind. Reisende hüten diese Adressen wie einen Schatz. Der Besitzer nimmt mich in Empfang, als käme ein naher Verwandter von einer langen Reise zurück. Als Begrüßungsgeschenk bekomme ich seine Lebensgeschichte umgehängt. Großvater Ranjiv war Inder, er kam damals mit den Landarbeitern herüber, seither lebt die Familie hier. Pyin U Lwin galt einst als feudale Sommerfrische der Engländer, im wahrsten Sinne des Wortes: Jene, die aus dem heißen Mandalay kommend nach Abkühlung suchten, zogen mit ihren Familien hierher. Am Fuße der nördlichen Shan-Berge, auf elfhundert Metern Seehöhe, ist das Klima erträglich. Davon profitierten seit jeher Ort und Menschen. Diese ließen sich das Jahr über in den Sommerresidenzen und Villen der Kolonial-Städter nieder und hielten deren Haus und Garten in Schuss.

So auch die Familie von Manmar – ich möge ihn doch bitte so nennen. Mein Name? Er sieht in meinem Pass nach. »Mihali! Very nice! Mihali!« Manmar lacht sich schlapp, dann weiht er mich in die lokalen Bräuche ein. Vor allem erklärt er mir, wo, gemäß der Hausordnung, Abendessen und Frühstück eingenommen werden. Ich erwarte eine Führung durch das Haus. Nicht so bei Manmar. Für das Dinner empfiehlt er das gelbe Gebäude gegenüber und zum Frühstück sollte ich mich in die Parallelstraße begeben, in die Circular Road, dort erwartet mich als Gast des *Royal Flower* die »beste Nudelsuppe« Burmas. Lektion zu Ende.

Ich ziehe mich auf die Dachterrasse zurück und stelle vergleichende Sonnenuntergangs-Studien an. Manmars Mutter winkt vom Garten herauf, auch der Vater geiert um die Ecke, und nicht einmal die beiden Tanten wollen sich den *new arrival* entgehen lassen. Sogar der dickleibige, mit dem Kopf wackelnde Nachbar glotzt neugierig zu mir herauf. Inder treten zumeist im Rudel auf, warum soll's im Exil anders sein? Ich stehe am Söller des Hauses und winke meiner neuen Familie zu. Vom Gast bis zum Sohn geht es hierzulande recht schnell.

Danach inspiziere ich mein Zimmer. Auch hier kann man den subkontinentalen Einfluss nicht leugnen. Kakerlaken entdecke ich auf den ersten Blick nicht, gewiss aber bin ich in meinem Leben noch nie unter einer so schreibunten Decke gelegen. Und vom Flauschfaktor her: Oberste Liga!

Ich will das Haus verlassen. Manmars Mutter lauert mir im Garten auf, hinter ihr der Nachbar, der noch immer mit dem Kopf wackelt. Wo ich denn um diese Zeit noch hin möchte? Ich sage: »I'm looking for dinner!«

»As Manmar told you, the yellow house in front of ours!«

Mutter wedelt mit den Händen, Nachbar wiegt den Kopf und Bruder Manmar, der jetzt hinter der Rezeption auftaucht, verfasst ein kleines Briefchen, das ich im Restaurant abgeben möchte, es wird mich als Familienzuwachs ausweisen. Sollte ich noch irgendwelche … Nein, habe ich nicht.

Der große, offene Speiseraum befindet sich direkt an der Mandalay-Lashio-Road. Die Chefin nimmt den Brief entgegen, taxiert mich von oben bis unten und wieder zurück und schürzt die Lippen. Ich bestehe den Test. Alles in Ordnung. In einer von Neonbalken beleuchteten Glasvitrine ist das Buffet aufgebaut. Unmittelbar darauf landen unzählige Schalen, Schüsseln und Teller mit den schmackhaftesten Gerichten vor mir, dazu Reis, Berge von Nudeln, nebst der obligaten Wasserspinatsuppe. Ich optimiere mit reichlich Chili, ich bin im siebenten Himmel. Auf Manmars Familie ist Verlass, ich hebe ein *Mandalay Beer* auf sie. Da ich der einzige Gast bin, werde ich von meinen neuen Anverwandten samt Kindern bestens umsorgt. Wann immer ich auch nur ansatzweise den Kopf hebe, schon springt ein dienstbares Geistlein herbei und liest mir den Wunsch von den Augen ab, bei meinen Sprachkenntnissen durchaus sinnvoll.

Zwei Pick-Ups halten und wirbeln gehörig Staub auf. Von der Ladefläche purzeln jede Menge klein gewachsene Frauen. Die Wirtsleute schaffen Stühle herbei, mit einem Mal ist das Lokal voll. Ab nun hat auch meine Sonderbehandlung ein Ende. Die Familie hat alle Hände voll zu tun, die unvermutet große Gästeschar mit Futter zu versorgen. Kaum haben alle Platz genommen und ehe noch die beiden Chauffeure die Autos rangiert haben, steht auch schon ein Teller voll Reis vor jeder der Damen, nebst Schälchen mit Gemüse, Fleisch und Suppe.

In diesem Moment erlischt das Licht zum ersten Mal. Niemand nimmt Notiz davon, im Dunkeln geht das Schlürfen und Schmatzen unvermindert weiter. Im Gegenteil: Die Finsternis scheint die Essensgeräusche noch zu verstärken, kein optischer Eindruck lenkt ab. Die Kinder des Hauses bringen Kerzen und verteilen sie auf den Tischen. Mit einem Mal wird das Lokal gemütlich. Ein Generator legt los. Höllenlärm. Das Neonlicht flammt wieder auf, so plötzlich wie es erloschen ist. Die Kerzen werden abgeräumt und die Damen spachteln ihre Mahlzeit ungerührt weiter.

Kurz darauf geht das Licht zum zweiten Mal aus. Wieder keine Reaktion seitens der Gästinnen. Die Kerzen werden verteilt und der Generator heult erneut auf: Licht. Business as usual. Dasselbe wiederholt sich noch einige weitere Male.

Was man wissen muss: Pyin U Lwin ist *das* Technologiezentrum des Landes. Vor den Toren der Stadt erstreckt sich auf unglaublichen vierzig Quadratkilometern das IT-Zentrum *Yadanabon Information and Communication Technology Park*. Vergleichbar mit dem Silicon Valley nimmt Pyin U Lwin in Sachen *Communication Development* eine führende Rolle im südostasiatischen Raum ein. Wenn innovative Technik im Spiel sein soll, dann hier. So viel zum Thema »Lichtgenerator« …

Den Frühstückstipp nehme ich natürlich auch wahr. Dafür sorgt meine neue indische Familie, die mir, kaum dass ich mich vor dem Haus zeige, gestenreich, wortgewaltig und kopfwackelnd den Weg zur nächsten Nudelsuppe weist. Ich bin schon spät dran, es ist sieben. Kurz darauf steht ein Topf mit dampfenden Nudeln und unendlich vielen Kräutern sowie klein gehackten Chilis vor mir. Das Paradies! Danach wird der in der Nähe gelegene Morning Market abgearbeitet sowie eine Stadtbesichtigung.

Zwischendurch muss ich kurz nach Hause, wobei ich mir zur Aufgabe stelle, mich an den Manmars vorbeizuschleichen, um nicht wieder mit Tipps zugemüllt zu werden. Das gelingt nur teilweise. Manmar selbst lässt sich zwar nicht blicken, aber Mutter schiebt mir zum Abschied noch schnell eine Banane in den Rucksack.

Pyin U Lwin ist ein überschaubares Städtchen. Die riesige Markthalle ist Anlaufstelle Nummer eins, danach radle ich an wunderschönen Kolonialhäusern vorbei (mein Bruder hat nicht übertrieben), besichtige den Clock-Tower (mäßig) und den Golfplatz (Golfplatz). Noch etwas haben die Briten hinterlassen: Der National Kandawgyi Botanical Garden ist das Attraktivste, was ich auf diesem Gebiet je gesehen habe. Colonel May (der alte Stadtname Maymyo geht auf ihn zurück) hat den Park im Jahre 1917 von Londoner Gartenarchitekten entwerfen lassen. Dazu wurde gleich noch ein künstlicher See angelegt. Auf knapp hundert Hektar Land gedeihen rund sechshundert verschiedene Pflanzenarten. Und mittendrin: Vögel, Affen und alle Arten von Wassertieren. Ich gehe durch den Garten Eden und kann mich nicht sattsehen an den Blumen, Bambuswäldern, Sumpflandschaften, Nadelhölzern aus allen Erdteilen, sogar Orchideen gibt es.

Ich steige auf den Aussichtsturm und überblicke das Paradies. Dann lege ich mich ans Seeufer. Heute lagern viele Familien in den Wiesen, es ist Sonntag. Überall wird gepicknickt, alle Besucher genießen den wunderschönen Tag in der Natur. Aber das Glück hatte auch seinen Preis. Colonel May hat der Park keinen Cent gekostet. Diejenigen, die für ihn gearbeitet haben, waren zwangsverpflichtet: Kriegsgefangene, die um ihr Leben schufteten. Der Park wurde mit Blut bezahlt.

Gegen Abend lasse ich mich durch die Stadt treiben. In einem indischen Restaurant in einer kleinen Nebengasse bestelle ich (hinter dem Rücken von Manmar) Gemüse und Chapati. Im Fernsehen plärrt eine Soap. Die Gäste werden hier nur nebenher bedient. Bis auf eine Gaslampe ist es stockfinster. Das Essen ist vorzüglich und authentisch. Ich werfe einen Blick in die rußgeschwärzte Küche. Eine alte Frau knetet den Teig für unzählige nachfolgende Chapatis. Daneben steht ein Topf am Herd (pechschwarz), in dem die Currys schmurgeln. Mehr kann ich nicht erkennen, der Feuerschein reicht nur für die unmittelbare Umgebung. Ich bezahle, steige auf mein Fahrrad und bin glücklich, einen so schönen Park gesehen zu haben. Man muss das Leben nehmen, wie es ist, vor allem dann, wenn man es nicht ändern kann.

Über das Lachen
Pyin U Lwin – Mandalay, 23. Jänner

Im Frühstücksraum an der Circular Road ist bereits für mich gedeckt. Auch heute bin ich der einzige Gast. Es ist kurz vor acht. Ich schlürfe meine Suppe mit extra viel Chili gegen »kalt« und eingelegtes Gemüse für »gesund«, dazu gibt's Tofu und heißen grünen Tee, weil »gut«. Ich bestelle gleich noch eine zweite Portion. Jetzt kommen auch noch andere Gäste, die die Suppe aber nicht vor Ort löffeln, sie bestellen Take aways. Das funktioniert hierzulande so: Was immer man auswählt (inklusive Suppe) wird in winzig kleine Säckchen gefüllt, die in atemberaubender Geschwindigkeit verknotet werden und ab gehen die *Dabbawallas* (indisches Essen auf Rädern).

Ich verabschiede mich von dem schönen Frühstückslokal mit warmem Gefühl im Bauch und schlendere die Straße entlang. Ein junger Mann kommt mir entgegen. »Five!«, ruft er mir schon von Weitem zu. Ich halte die Hand hoch und wir klatschen ab. Zwei Menschen, zwei Kulturen, eine flüchtige Begegnung. Es braucht keine Worte, um Glück auszudrücken. Das Taxi kommt früher als gedacht. Manmar, Vater, Mutter und die beiden Tanten stehen Spalier, um sich von mir zu verabschieden. Wir fahren los, der Fahrer hält an der nächsten Ecke. Der dicke Nachbar erwartet mich schon. Er reicht mir ein Plastiksäckchen, darin befindet sich ein Abschieds-Samosa mit extra viel Chili. Ich bin gerührt und will ihm die Hand reichen. Er faltet die Hände, führt sie sich an die Stirne und verneigt sich. Ich steige ins Taxi. Der Mann winkt uns nach und wackelt mit dem Kopf. In seinen Augen glitzern Tränen. Ob vom Schneiden der Chilis? Bollywood hat einmal mehr ganze Arbeit geleistet.

Diesmal habe ich *Front Seat* gebucht, was bedeutet, dass ich neben dem Fahrer sitze. Hier vorne ist es zwar ungleich gefährlicher als auf der Rückbank, aber es gibt mehr Beinfreiheit, auf längeren Reisen nicht zu unterschätzen. Der Kollege am Steuer schiebt ein Betelpäckchen nach dem anderen in den Mund. Er sieht aus wie ein Backenhörnchen auf Rädern. Offensichtlich hat er sich vorgenommen, auf der Strecke Pyin U Lwin – Mandalay einen neuen Geschwindigkeitsrekord aufzustellen, er prügelt seinen Hyundai geradezu über die Burma Road. Da auf dieser Strecke viele Höhenmeter überwunden werden müssen, dazu noch jede Menge Baustellen im Wege stehen, kein ungefährliches Unternehmen. Ich schließe die Augen, höre die Stones und *Route 66* und lasse die Welt eine gute sein, sie ist ja gut. Vier Stunden später lande ich unversehrt auf meinem Schiff am Irrawaddy.

Ich will in Mandalay, der funkelnden Stadt, noch einmal durch die Straßen laufen, schlendere die Fünfunddreißigste entlang, zweige in die Einundachtzigste ab und gehe und gehe und gehe … Mein Ziel ist der Gem-Market, ein Umschlagplatz für Edelsteine, insbesondere für Jade. Sarah Lu arbeitet hier. Ich brauche eine Weile, bis ich den Markt finde. Unterwegs gönne ich mir in einem chinesischen Speiselokal, in dem ausschließlich Männer sitzen, Huhn, Reis, Zwiebel, grüne Blätter, zubereitet in einer würzigen Sauce und Chili. Das Grünzeug könnte Tee sein, vielleicht auch so etwas wie die psycho-stimulierenden Krathom-Blätter, ich weiß es nicht, ich spüre nur, dass es mir nach dem Essen schlagartig leichterfällt, den langen Weg in unzumutbarer Hitze zurückzulegen und darüber hinaus noch bester Laune zu sein. Nicht zum ersten Mal wundere ich mich über die unvermutet großen Distanzen in Mandalay, diesmal aber kichere ich mich fast zu Tode darüber. Vielleicht war das grüne Zeug wirklich kein Tee.

Die Straßen sind zwar durchnummeriert, aber es gibt unendlich viele Gässchen und Wege dazwischen, die nicht erfasst sind. So hat man stets das Gefühl, am Ziel zu sein, in Wahrheit aber ist man noch meilenweit davon entfernt. Ich streife durch Vorstädte, die ländlicher nicht sein könnten, vorbei an kleinen Gehöften, Gärten, Stallungen. Sicher bin ich der einzige Ausländer, der je hier durchgekommen ist. »Englisch« ist nicht, aber nach einem freundlichen »Mingalabar!« schenkt mir jeder, wirklich jeder, ein Lächeln.

Und irgendwann finde ich sogar mein Ziel. Der Gem-Market ist ein unüberschaubar großes Geflecht von Hütten und Buden, vor denen die Händler hocken und grüne Steine prüfen. Die Ware ist auf Tischen ausgelegt, sie wird gewogen, besprochen und bewertet. In den Buden sind die Verkaufsräume untergebracht, dort regieren die Frauen. In den Baracken dahinter hocken die Schleifer. Das Prüfen und Verhandeln an den Tischen davor ist ausschließlich Männersache. Dazwischen sind

Teestuben eingerichtet. In ihnen thronen die Paten. Sie tragen Sonnenbrillen, an ihren Händen hängen schwere Goldketten und sie spielen Karten oder eine Art Tischbillard oder eine Kombination aus beidem.

In der Mahamuni-Pagode mache ich halt, danke Herrn Gautama für diese wunderbare Reise, bitte um eine gesunde Heimkehr und lache mich kaputt über das alles. Es war sicher kein Tee.

Der Abend senkt sich über die Stadt. Meine letzte Nacht in Burma, die nächste werde ich über den Wolken in Richtung Dubai verbringen. Ich nehme ein Motorrad und steuere den Irrawaddy an, ich möchte den Sonnenuntergang in einem der kleinen Cafés genießen. Am Ufer hocken Frauen und waschen Wäsche, daneben spielen Kinder, Schweine sind auf der Suche nach Essbarem. Es wird gekocht, geplaudert – gelebt. Ich trinke Bier und verliere mich in der unvergesslichen Abendstimmung. So nehme ich Abschied von Mandalay, der königlichen Stadt, die ihren letzten Herrscher an Indien verlor.

Am Weg ins Hotel werde ich Zeuge eines Unfalls. Ein Motorrad liegt auf der Straße, Menschen laufen zusammen, jemand schreit. Ich laufe auch hin. Ein kleiner Bub leitet an der Unfallstelle den Verkehr um. Eine Menschentraube umringt den Verunfallten, der aber schon wieder aufgestanden ist, sich den Staub aus dem Longyi klopft und – lacht. Die Umstehenden schütteln die Köpfe, nicken einander zu und kommentieren lautstark das Geschehen. Auch sie lachen. Das Lachen ist ansteckend. Jemand klopft mir auf die Schultern. »Austria!«, sage ich, um dem Mann zuvorzukommen, »Without kangaroos!«

»Australia, yes!«, der Mann wendet sich Wichtigerem zu. Das Unfallopfer, das keines ist, ist inzwischen Mittelpunkt einer improvisierten Party. Niemand beklagt das Unglück, alle feiern, dass nichts passiert ist. Die alte Geschichte um das halb leere oder halb volle Glas. In Burma ist es halb voll.

Ich gehe weiter und denke, wie oft Menschen in diesem Land wohl schon Opfer politischer Willkür wurden und wie oft sie wieder aufgestanden sind, sich den Staub aus ihren Longyis geschüttelt und gelacht haben. Vielleicht lässt sich Unglück so leichter ertragen. Alles vereint sich in einem einzigen, zufälligen Augenblick und die Kraft aller überwindet das Schicksal Einzelner.

Jetzt weiß ich es. Es ist die Heiterkeit der Menschen, die mich so berührt. In den drei Wochen, die ich in diesem Land zu Gast sein durfte, war ich nicht ein einziges Mal Zeuge eines Streites (abgesehen davon, dass ich es nicht verstanden hätte). Ich habe kein lautes Wort gehört, ich habe keine bösen Augen gesehen. Im Gegenteil. Das Lachen hat mich von Anfang an begleitet. Was für ein schönes, stolzes, lachendes Land!

Der Abschied
Mandalay – Rangun – Dubai – Wien, 24. Jänner

Heute werde ich nach Europa zurückfliegen. Ich habe die Menschen von Burma lieb gewonnen. Es ist ein besonderes Land. Ein Land voll von Schönheit, Würde und Heiterkeit. Der Abschied fällt mir schwer. Auf dem Weg zum Flughafen in Mandalay bitte ich den Fahrer um einen kleinen Umweg. Sarah Lu, meine kleine, weise Freundin, hat mir von einer Pagode erzählt, die ganz aus Jade sein soll. Wir halten mitten auf der Autobahn, ich steige auf ein Motorrad und fahre querfeldein. Aus der Ferne sehe ich den großen Buddha. Und wirklich: Stupas und Statuen, sogar die Wege, die die Gebetsstätten verbinden, alles ist aus Jade gefertigt. Der Prophet meint es gut mit mir: Die größte, grün-weiße Kostbarkeit hat er sich für den Abschied aufgehoben.

Der Flug zurück nach Rangun dauert knapp über eine Stunde. Hier hat alles begonnen, hier endet meine Reise. Ich habe mich an das Leben hier gewöhnt. Nun, da es mir vertraut ist, fällt es schwer, es loszulassen.

Zum letzten Mal gehe ich durch die Straßen. In der *Bar-Boo*, in der ich mein Tagebuch zu schreiben begann, beende ich das letzte Kapitel. Die Abenddämmerung hält die Stadt sanft umhüllt. Aus der Ferne glitzern die goldenen Dächer der Shwedagon-Pagode. Ein letztes Mal besuche ich eines der wunderbaren Straßenbuffets in *Little India* an der Anawrahta Road, jenseits der geschönten Touristenpfade.

Vor drei Wochen saß ich in einem Taxi und irrte hier durch die Straßen auf der Suche nach meinem Hotel. Eine Ewigkeit liegt dazwischen. Ich gehe durch die Nacht und hoffe, dass sie lange, lange andauern möge. Diesmal finde ich das *Queen's Park Hotel* sofort. Einer der Pagen öffnet unwillig die riesige Tür aus Glas. Eisiger Luftzug in Form einer wirbeligen Dampfwolke vermengt sich mit der feuchten Hitze der tropischen Nacht. In der Lobby erwartet mich die tiefgefrorene Rezeptionistin und händigt mir mein Gepäck aus. Draußen steht schon das Taxi bereit.

Ich nehme in der *777-300* der Emirates Airways Platz. Der riesige Vogel wird mich via Dubai nach Wien zurückbringen, zurück in deine Arme. Ich könnte heulen vor Freude. Und ich könnte heulen vor Wehmut. Vieles lasse ich hier zurück. Das Lächeln zum Beispiel. Es wird mir fehlen. Ich werde es in deinen Augen wiederfinden. Weder habe ich um die Schönheit dieses Landes gewusst noch kannte ich seine Würde. Die Kinder Burmas sind – Kinder. Sie sind unbeschwert, ihre Eltern scheinen vieles richtig zu machen. Nie zuvor habe ich so viele lachende Frauen gesehen. Mit ihren kunstvoll bemalten Wangen sehen sie aus, als ob sie Nachfahren des großen Charly Rivel wären. Nirgendwo zuvor haben mir Männer ihr Lächeln geschenkt, nachdem sie ihren feuerroten Speichel kunstvoll neben mich auf den Boden gezirkelt haben. Und nie zuvor habe ich ein Land besucht, das mir so viel Schönheit gezeigt hat. Zugegeben, ich weiß nichts von den Entbehrungen und Schmerzen, vom Kampf der Frauen und Männer um ihre Freiheit. Und ich weiß nichts von der Unterdrückung und Entwürdigung, die die Generäle ihr Volk so viele Jahrzehnte über spüren ließen. Und gar nichts weiß ich von der Benachteiligung einer Gesellschaft, die aus einer Handvoll Besitzenden und unendlich vielen Armen besteht. Und von medizinischer Unterversorgung und den Problemen im Erziehungswesen weiß ich erst recht nichts.

Aber ich weiß viel um die Stärke der Menschen, die das alles ertragen haben und ihr Lachen dennoch nicht verlernten. Ich bin dankbar für unendlich viele Augenblicke, mit denen ich beschenkt wurde. In Burma habe ich die Langsamkeit wiedergefunden, die Würde und die Gelassenheit. Und die Stille. Vielleicht liegt das ja auch an Buddha, der mir so oft begegnet ist. Seine Lehre ist keine Religion. Er hat den Menschen einfach nur ein paar Ratschläge mit auf den Weg gegeben.

Durch sie wirst du in aller Innigkeit Empathie empfinden für alles, was lebt. Du wirst in Demut deinen Lebensweg gehen. Es ist einfacher, als du denkst, du musst einfach nur an dich glauben. Das ist es, was dieses Land ausmacht: Die Kraft des Zusammenwirkens allen Lebens und die Gültigkeit des Moments. Du wirst die Treppe hinaufsteigen und das Einfache erfahren, es ist in dir selbst zu finden. Und du wirst dabei all das Schöne sehen, weil du zu sehen gelernt hast. Auch das hat es mir geschenkt, das tapfere, schöne, lachende Burma.

Und das ist es, was ich dir mitgebracht habe und dir weiterschenken möchte. Mingalabar! Es möge Segen über dich kommen.

Meine Rezepte aus Burma

Burmesisches Fischcurry (siehe Seite 20)

FÜR 4 PERSONEN

ZUTATEN

800 g Fischfilet (Heilbutt oder Kabeljau)

1 TL Salz

¼ TL Kurkuma (Pulver)

2 Tomaten

2 Zwiebeln

2 Knoblauchzehen

1 Stück Ingwer (1 cm dick)

2 EL Öl

⅓ TL Paprika (Pulver)

4 Portionen Reis

ein paar Erbsen

1 Ei (hart gekocht)

1 EL Fischsauce

1 kleine Zwiebel (zum Garnieren)

Koriander

ZUBEREITUNG

Das Fischfilet in Stücke schneiden. In einer Schüssel gründlich mit dem Salz und dem Kurkumapulver vermischen.

Tomaten fein würfeln, Zwiebeln schälen, fein hacken, mörsern; Knoblauch und Ingwer mörsern.

Öl in einer Pfanne erhitzen, Zwiebeln zugeben, unter Rühren hellbraun braten. Knoblauch und Ingwer hinzufügen und braten, bis sich das Aroma entfaltet.

Paprika zugeben, verrühren und sofort Tomaten und Fischsauce folgen lassen, zwei Minuten leicht köcheln, eventuell etwas Wasser zugeben.

Hitze reduzieren und Fisch hinzugeben, nach zwei Minuten den Fisch vorsichtig umdrehen und bei geringer Hitze garen lassen.

Als Beilage eignet sich weißer Reis, bei Bedarf ein paar Erbsen beigeben, ein Ei, rohe Zwiebelschnitze, Koriander.

Le-pet-thouk-Salat (siehe Seite 34)

FÜR 2 PERSONEN

ZUTATEN

1 Tasse getrocknete Grüntee-Blätter

1 Tasse sehr klein geschnittener Weißkohl

½ Tasse Koriander (gehackt)

½ Tasse Frühlingszwiebeln (in kleine Ringe geschnitten)

½ Tasse Tomaten (in dünne Scheiben geschnitten)

2 EL Ingwer (klein gehackt)

1 EL Knoblauchpaste

Salz

2 grüne Chilis

Saft einer Limette

2 EL Sesamkörner (geröstet)

3 EL Erdnussöl

1 ganzer Knoblauch (alle Zehen klein gehackt)

1 TL Fischsauce

2 Limetten (1x gepresst, 1x in Scheiben geschnitten)

2 EL Shrimps (getrocknet, bei Bedarf 10 Minuten
in Wasser eingeweicht und abgetropft)

3 EL Erdnüsse

3 EL Kürbiskerne

3 EL Sojabohnen

ZUBEREITUNG

Fermentieren der Teeblätter:

4 Tassen heißes Wasser über die Teeblätter gießen und
einweichen, bis die Blätter weich sind.

Blätter abtropfen, Stängel entfernen. Flüssigkeit ab-
schütten. Blätter in lauwarmes Wasser geben, ausdrücken. Flüssigkeit abgießen, zur Seite stellen. Blätter wieder ausdrücken. Das Gleiche ein drittes Mal wiederholen
und das Wasser der letzten Arbeitsschritte hinzugeben.
Den Tee im Wasser mindestens eine Stunde, besser noch
über Nacht ziehen lassen.

Ein letztes Mal Wasser abgießen und die Blätter gut
ausdrücken.

Teeblätter mit Weißkohl, Koriander, Frühlingszwiebeln, Tomatenscheiben, Ingwer, Knoblauchpaste, Salz,
Chilis und dem Saft der Limette in einer Schüssel vermischen und für zwei Tage an einem kühlen Platz ruhen lassen. Erst danach in den Kühlschrank stellen.

Vor dem Anrichten:

Sesamkörner, Erdnüsse, Kürbiskerne und Sojabohnen
rösten und abkühlen lassen.

Erdnussöl erhitzen, gehackten Knoblauch zugeben
und bei mittlerer Hitze braten, zur Seite stellen. Öl als
Dressing verwenden.

Teeblätter mit Knoblauchöl vermischen und ausküh-
len lassen. Fischsauce und Limettenscheiben zugeben.
Salat ein letztes Mal abschmecken und mit den Shrimps,
Erdnüssen, Kürbiskernen und Sojabohnen servieren.

»Mohinga«
Shan-Nudeln und Fisch (siehe Seite 40)

FÜR 4 PERSONEN

ZUTATEN

3 Zwiebeln (fein gewürfelt)

4 Knoblauchzehen (zerdrückt)

Ingwer (2 ½ cm dick)

1 Stängel Zitronengras

3 EL Öl

1 TL Chili (Pulver)

1 TL Kurkuma (Pulver)

4 EL Reismehl

1 ½ Liter Wasser

90 ml Fischsauce

Salz

Pfeffer

450 g Fisch (Seeteufel)

4 Portionen Shan-Nudeln (Reisnudeln)

2 Eier (hart gekocht)

Koriander (zum Anrichten)

ZUBEREITUNG

1 ½ Zwiebeln, Knoblauch, Ingwer (alles klein geschnitten) und Zitronengras (geschnitten) in Öl im Topf auf mittlerer Hitze anbraten. Dann Chilipulver und Kurkuma beigeben.

Reismehl mit etwas Wasser glattrühren und mit Wasser, Fischsauce zu den vorhin angebratenen Gewürzen in den Topf geben. Restliche Zwiebeln vierteln und ebenfalls dazugeben, mit Salz und Pfeffer würzen. Die Flüssigkeit auf reduzierter Hitze 20 Minuten köcheln lassen.

Fisch in kleine Stücke schneiden, salzen und pfeffern und der Suppe beigeben. Weitere 10 Minuten köcheln lassen. (Tipp: Nicht zu heiß werden lassen, weil die Fischstücke sonst zerfallen.)

Zum Schluss Shan-Nudeln kurz in Salzwasser kochen, vor dem Servieren der Suppe beigeben.

Die Mohinga mit etwas Koriander bestreuen und mit hart gekochten, gevierteltem Eiern servieren.

Gedämpfter Fisch (siehe Seite 79)

FÜR 2 PERSONEN

ZUTATEN

frischer See- oder Meeresfisch (im Ganzen)

einige Pak-Choi-Blätter als Unterlage

Pflanzenöl

1 Bund Koriander (grob gehackt)

3 Limetten

Salz

Pfeffer

etwas Sesam

100 ml Sojasauce

1 Frühlingszwiebel (geschnitten)

2 Chilischoten

1 Stück Ingwer (1 cm dick, gepresst)

1 Knoblauchzehe

2 Tomaten

2 Portionen Reis oder Shan-Nudeln (Reisnudeln)

ZUBEREITUNG

Fisch waschen und trocken tupfen.

Backblech mit Backpapier auslegen, darauf ein Bett aus Pak Choi. Mit Öl beträufeln und salzen.

Fisch drauflegen und die Bauchöffnung mit Koriander, 3 Limettenscheiben, Salz, Pfeffer, Sesam und etwas Sojasauce füllen.

15 Minuten dämpfen.

Marinade

In einer Schüssel Sojasauce, Koriander, Frühlingszwiebel, entkernte Chilischoten, Ingwer, Knoblauch, Saft von 2 Limetten vermischen.

Gedämpften Fisch mit Marinade übergießen, mit Tomaten und Koriander garnieren und mit weißem Reis oder Shan-Nudeln (Reisnudeln) servieren.

Shan-Nudeln mit Garnelen (siehe Seite 139)

FÜR 2 PERSONEN

ZUTATEN

6 Riesengarnelen (roh)

1 ½ EL Pflanzenöl

1 EL Szechuanpfeffer (Körner)

1 EL Wasser

4 Knoblauchzehen

3 EL Chilipaste

4 Kaffirlimettenblätter

80 ml Fischsauce

4 EL Rohrzucker

etwas Koriander

1 rote Chilischote

2 Portionen Shan-Nudeln (Reisnudeln)

ZUBEREITUNG

Garnelen schälen, Darmfäden entfernen.

Knoblauchzehen hacken, Kaffirlimettenblätter fein schneiden, Chili entkernen und fein schneiden.

Öl im Wok erhitzen. Garnelen, Szechuanpfeffer braten, wenn sich die Garnelen rosa verfärben etwas Wasser hinzugeben.

Knoblauch, Chilipaste, Kaffirlimettenblätter hinzugeben, 3 Minuten weitergaren, bis die Gewürze zu duften beginnen.

Fischsauce und Zucker untermischen, Hitze reduzieren und 5 Minuten köcheln lassen.

Koriander und Chilischote hinzufügen und so lange verrühren, bis die Garnelen mit der karamellisierten Chilisauce vermengt sind.

Shan-Nudeln (Reisnudeln) als Beilage servieren.

Schottis Burma-Tops

- Sonnenaufgang in der Shwedagon-Pagode in Rangun. Schöner geht's nicht!
- Sonntagspicknick am Kandawgyi-See im Herzen Ranguns.
- Mit der *Circle-Line* rund um Rangun: Der Zug hält bei jeder Buddha-Statue und davon gibt's eine ganze Menge.
- Restaurant *Aurora* in Nyaung Shwe (Inle-See): Dort springen die Fische schon gedämpft auf den Teller.
- Das Pagodenfeld von Indein: Stumme Zeugen verschwenderischer Pracht einer versunkenen Zeit.
- Im Ballon über das Weltwunder von Bagan. Die Fahrt ist nicht billig, aber jeden Cent wert (Achtung: Tickets unbedingt vorher reservieren!).
- Sonnenuntergang am Mandalay Hill: Von hier aus hat man die romantischste Aussicht auf das »goldene« Mandalay.
- Zu Fuß über die U-Bein-Brücke, die längste Teakholz-Brücke der Welt … wenn das nicht Glück bringt!
- Morning Market in Hsipaw: Der Nebel, der vom Ufer des Duthawady-Flusses aufsteigt, schraffiert alle und alles zu einer Kohlezeichnung.
- Das Gokteik-Viadukt auf der Bahnstrecke zwischen Hsipaw und Pyin U Lwin ist eine Eisenbahnbrücke der anderen Art: Augen auf und drüber! (Achtung: in Fahrtrichtung rechts sitzen)

Schottis Burma-Flops

- In Burma ist das Funktionieren von Geldautomaten eine Frage des Glücks. Dies und das Fehlen von Münzen erklärt die Unmenge an Papiergeld, die man hierzulande mit sich herumzuschleppen hat.

- Teezeremonie in Burma: Eine rostrote Brühe flutet die Untertasse. Zucker mit Milch, in der ein Teeblatt schwimmt.

- In der Folklore-Dinner-Show im Karaweik Palace in Rangun werden Touristen einer Nepp-Show zum Fraß vorgeworfen.

- Die Nationaltheater von Rangun und Mandalay haben zu spielen aufgehört. Jede verschlossene Theatertür bedeutet einen weiteren, kleinen Tod.

- Mit dem Rad durch das 40 km² große Tempelareal von Bagan zu fahren, geht gar nicht – schlechte Sandpisten machen das Radeln zur Qual.

- In den meisten burmesischen Städten sind Straßenschilder Mangelware. So wird der Spaziergang durch eine vermeintlich übersichtliche Stadt zur Rätsel-Rallye.

- Geldinstitute wechseln keine gebrauchten Banknoten, die Scheine müssen makellos sein:

- In der Nähe der Stadt Pyin U Lwin gibt es jede Menge Steinbrüche. Seit 1978 kamen hier mehr als fünftausend Zwangsarbeiter zu Tode. Unvermittelt wird man mit der düsteren Seite des Landes konfrontiert.

- *Sticky Rice* ist eine Art Klebreis. Das Zeug zieht sich wie geschmolzener Radiergummi, vor allem aber ist es unerträglich süß.
- Bei Überlandfahrten *Front seat* zu buchen, ist nichts für Warmduscher: Man hat zwar ungleich mehr Beinfreiheit, aber das Leben kann schnell zu Ende sein.

Vom Volkstheater nach Vietnam. Mit einem sehr persönlichen Reisebericht präsentiert sich der Theatermacher Michael Schottenberg in seiner neuen Rolle als Globetrotter. Mit nichts als einem 40-Liter-Rucksack begibt sich der Geschichtensammler, Eigenbrötler und Philosoph in das Land von »Onkel Ho«. Unterwegs begegnet er »Brautpaaren, die an den Himmel stoßen«, wird von einem Gecko in Beschlag genommen und lässt sich vom Trubel des Nachtmarkts in Hanoi mitreißen.

Viele ungewöhnliche Begegnungen hat er, und er schildert sie alle mit dem ihm eigenen Humor. Ob bei einer kräftigen Pho-Suppe, im »Moped Motel« oder im Wasserpuppentheater: »Schotti« gewinnt Einblicke und Eindrücke vom Alltag der Menschen in Vietnam. Vieles erinnert ihn auch an früher, dann denkt er zurück – an wesentliche Momente seiner Theaterlaufbahn.

Michael Schottenberg

Von der Bühne in die Welt

Unterwegs in Vietnam

208 Seiten, mit zahlreichen Reisefotos von Michael Schottenberg
ISBN 978-3-99050-091-0
eISBN 978-3-903083-82-0

Amalthea   amalthea.at